Daniel Marek

Unternehmensentwicklung verstehen und gestalten

Daniel Marek

Unternehmensentwicklung verstehen und gestalten
Eine Einführung

Bibliografische Information der Deutschen Nationalbibliothek
Die Deutsche Nationalbibliothek verzeichnet diese Publikation in der
Deutschen Nationalbibliografie; detaillierte bibliografische Daten sind im Internet über
<http://dnb.d-nb.de> abrufbar.

1. Auflage 2010

Alle Rechte vorbehalten
© Gabler | GWV Fachverlage GmbH, Wiesbaden 2010

Lektorat: Ulrike Lörcher | Katharina Harsdorf

Gabler ist Teil der Fachverlagsgruppe Springer Science+Business Media.
www.gabler.de

Das Werk einschließlich aller seiner Teile ist urheberrechtlich geschützt. Jede Verwertung außerhalb der engen Grenzen des Urheberrechtsgesetzes ist ohne Zustimmung des Verlags unzulässig und strafbar. Das gilt insbesondere für Vervielfältigungen, Übersetzungen, Mikroverfilmungen und die Einspeicherung und Verarbeitung in elektronischen Systemen.

Die Wiedergabe von Gebrauchsnamen, Handelsnamen, Warenbezeichnungen usw. in diesem Werk berechtigt auch ohne besondere Kennzeichnung nicht zu der Annahme, dass solche Namen im Sinne der Warenzeichen- und Markenschutz-Gesetzgebung als frei zu betrachten wären und daher von jedermann benutzt werden dürften.

Umschlaggestaltung: KünkelLopka Medienentwicklung, Heidelberg

ISBN 978-3-8349-2165-9

Vorwort

An wen sich dieses Buch richtet ...

Dieses Buch ist im Umfeld des Nachdiplomstudiums Unternehmensentwicklung entstanden, das die Fachhochschule Nordwestschweiz seit Ende der 1990er-Jahre anbietet. Für die Studierenden stellte sich die Frage, was genau zum Thema Unternehmensentwicklung (engl. Corporate Development) gehört und welche der zahlreichen Managementkonzepte und -modelle dafür von Bedeutung sind. Es fehlte nicht an Material, sondern es fehlte an einer Einführung in das Thema, die die verschiedenen Aspekte von Unternehmensentwicklung miteinander verknüpft und eine Orientierung ermöglicht. Gefragt war eine Einführung für die Praxis, die aber theoriegeleitet Modelle und Instrumente auswählt, um die Entwicklung von Unternehmen angemessen erklären zu können.

Es gibt im deutschsprachigen Raum bereits einige Publikationen (z. B. Bleicher, 2004; Glasl/Lievegoed, 2004; Pümpin/Prange, 1991; Pümpin/Wunderlin, 2005; Schlick, 1998; Trebesch, 1994 oder Zdrowomyslaw et al., 2005), die Modelle der Unternehmensentwicklung vermitteln und entsprechende Handlungsanleitungen enthalten. Warum also braucht es eine weitere Darstellung des Themas Unternehmensentwicklung? Das Ziel des vorliegenden Buchs ist weiter und gleichzeitig enger: Es ist weiter, weil es die Vielfalt der Theorien und Ansätze zur Entwicklung von Unternehmen darstellen will und weil darin Ansätze der positiven Gestaltung von Unternehmensentwicklung und nicht nur zur Krisenvermeidung zur Geltung kommen sollen. Es ist enger, weil es die Verbindung mit den Instrumenten in der Praxis herstellen will.

Nach Auswertung der wichtigsten Publikationen war klar, dass das Buch einen Mittelweg zwischen zwei Polen verfolgen sollte: Am einen Pol befinden sich wissenschaftliche Darstellungen (z. B. Elle, 1991; Paul, 1985; Perich, 1992 oder Weissenberger-Eibl, 2003), die vorwiegend aus der Managementlehre und teilweise aus der Organisationspsychologie stammen und in ihrem Abstraktionsgrad zwar das Thema in seiner ganzen Breite erfassen, in der Regel aber wenig Handlungsanweisungen geben. Am anderen Pol stehen Veröffentlichungen, die sich auf die Darstellung von praktischen Instrumenten der Unternehmensführung konzentrieren (z. B. Hagemann, 2003). Es ist die Absicht dieses Buches, hier einen Mittelweg zu finden und wichtige Aspekte der Unternehmensentwicklung miteinander zu verknüpfen, ohne sich zu sehr in Einzelheiten zu verlieren. Dieser Weg hatte aber zur Folge, dass es im Hinblick auf viele wichtige Themen bei einem kurzen Streifzug und oder sogar nur bei einer Andeutung bleiben musste.

Damit grenzt sich dieses Buch gleichzeitig von den zahlreichen Publikationen ab, die Teilgebiete, Funktionen oder einzelne Instrumente der Unternehmensentwicklung behandeln. Es kann und soll diese Texte nicht ersetzen, sondern ergänzen, wie zum Beispiel im Fall der Strategieentwicklung und des strategischen Managements (z. B. Lombriser/Abplanalp, 2005 oder Müller-Stewens/Lechner, 2005). Diese Abgrenzung gilt besonders für den Umsetzungsteil und für zahlreiche arbeits- und organisationspsychologische Aspekte der Unternehmensentwicklung. Dafür sei auf die einschlägige Literatur verwiesen (z. B. Kirchler, 2008; Nerdinger/Blickle/Schaper, 2008; Rosenstiel, 2007 oder Schuler, 2007).

Damit ist auch klar, dass dieses Buch in die Tradition der Managementlehre einzuordnen ist und weniger in diejenige der Organisationspsychologie. Es betont die Theorieelemente aus der Managementlehre stärker und berücksichtigt organisationspsychologische Erkenntnisse dort, wo sie im Zusammenhang mit den Theorien aus der Managementlehre auftauchen. Immerhin hat sich die Managementlehre verschiedene Versatzstücke aus der Arbeits- und Organisationspsychologie zu eigen gemacht, aber es ist eine andere Perspektive, die zum Teil andere Ziele verfolgt.

Die vorliegende Darstellung ist also keine wissenschaftliche Abhandlung, sie berücksichtigt jedoch wichtige Ergebnisse aus der Wissenschaft. Sie ist eine Einführung in das Thema und will die Orientierung und Auswahl erleichtern. Sie möchte damit über die Tagesaktualität einzelner „Managementmoden" hinausgehen und eine Möglichkeit bieten, die verschiedenen Ansätze und Konzepte der Veränderung von Unternehmen und Organisationen in Bezug auf ihre Eignung zu bewerten.

Dieses Buch richtet sich vorwiegend an Fachleute aus der Praxis, aus Beratung und Konzernstäben sowie an Studierende, die eine Einführung in das Thema Unternehmensentwicklung und einen Überblick über

- Modelle und Theorien,
- Entwicklungskonzepte und
- Instrumente der Unternehmensentwicklung gewinnen wollen.

Es ist daher kein reines Handbuch der Unternehmensführung, sondern es konzentriert sich auf den dynamischen Aspekt der Unternehmensführung, ganz im Sinne des Managementverständnisses des St. Galler Betriebswirtes Hans Ulrich (vgl. Ulrich, 1991), der unter Management nebst dem Gestalten und Lenken auch das **Entwickeln von sozialen Systemen** versteht. Im Zentrum von Unternehmensentwicklung stehen also **Unternehmen als veränderliche Gebilde,** deren **Veränderung durch gezieltes Handeln** beeinflussbar ist.

Vom Standpunkt dieses systemtheoretisch orientierten Managementverständnisses ist die Mehrheit der vorgestellten Modelle und Konzepte sowohl für privatwirtschaftliche Unternehmen als auch für Non-Profit-Organisationen geeignet. Gewisse Einschränkungen sind beim Einsatz in öffentlichen Verwaltungen zu machen. In der Systemtheorie sind Organisationen aus allen drei Bereichen produktive soziale Systeme, die einem bestimmten Daseinszweck unterworfen sind (vgl. Anheier/Toepler, 2005 und Burla, 1989). Das schafft Gemeinsamkeiten. Außerdem sind seit einiger Zeit sowohl im Non-Profit-Sektor als auch in der öffentlichen Verwaltung Konzepte aus der Privatwirtschaft eingedrungen und gehören mittlerweile zum Allgemeingut in der Managementlehre dieser Sektoren (vgl. Maelicke, 2002; Schedler/Proeller, 2000; Schauer, 2002).

Wie dieses Buch aufgebaut ist ...

Das Buch ist in zwei Hauptteile gegliedert: Unter dem Titel **Unternehmensentwicklung verstehen** gibt der erste Teil eine Übersicht über Grundbegriffe und verschiedene Modelle der Unternehmensentwicklung. Dieser Teil soll das Hintergrundwissen für das Verständnis der praktischen Aspekte vermitteln, die der zweite Teil unter dem Titel **Unternehmensentwicklung gestalten** behandelt. Die beiden Teile lassen sich unabhängig voneinander lesen. Allerdings beruht der praktische Teil auf verschiedenen Begriffen und Kriterien, die im ersten Teil eingeführt und erläutert worden sind.

Eine detaillierte Beschreibung des Aufbaus findet sich am Schluss des ersten Kapitels. Eine Abbildung zeigt den Zusammenhang der einzelnen Kapitel auf und soll die Übersicht erleichtern. Im Text enthalten sind entsprechende Verweise auf die Fachliteratur, die weiterführende Informationen zum betreffenden Thema gibt. Das Literaturverzeichnis befindet sich im Anhang. Auf die Angabe von Fundstellen in Fußnoten wurde zugunsten einer besseren Lesbarkeit verzichtet.

Dank

Dieses Buch hätte ohne die Hilfe zahlreicher Partner und Freunde nicht entstehen können. An dieser Stelle ist zuerst an Beat Maritz zu erinnern, der ursprünglich bei diesem Buch als Autor mitwirken wollte. Sein viel zu früher Tod kam für alle überraschend. Einige Ideen aus gemeinsamen Diskussionen sind hier eingeflossen, auch wenn der nun vorliegende Text ohne seine Mitarbeit entstand.

Besondere Erwähnung verdienen Unterstützer und Kritiker, die mit ihren Hinweisen viel zur Lesbarkeit und zur Straffung des Textes beigetragen haben. Dazu gehören Dr. Heinz Locher, Franziska Lang, Prof. Dr. Peter Abplanalp sowie Urs Brawand. Ihnen allen sei an dieser Stelle ausdrücklich gedankt.

Zürich, im Dezember 2009   Daniel Marek

Inhaltsverzeichnis

Vorwort 5

Unternehmensentwicklung verstehen 13

1. Einstieg: Um was geht es? 13
   1.1 Unternehmensentwicklung als Thema 13
   1.2 Vier Aspekte von Unternehmensentwicklung 15
   1.3 Aufbau dieses Buchs 17

2. Unternehmensmodelle 20
   2.1 Das mikroökonomische Modell 21
   2.2 Das Bürokratie-Modell 22
   2.3 Systemorientierte Modelle 23
   2.4 Neuere Unternehmensmodelle aus der Betriebswirtschaftslehre 25
   2.5 Das Unternehmensmodell in den ISO-Normen zum Qualitätsmanagement 26
   2.6 Das 7S-Modell von Peters und Waterman 27
   2.7 Das Schalen-Modell von Glasl und Lievegoed 28
   2.8 Das Organisationsmodell von Mintzberg 29
   2.9 Die Abbildung des Unternehmens im St. Galler Management-Modell ...31
   2.10 Zusammenfassung: Außen- und Innenperspektive 32

3. Entwicklungsmodelle 34
   3.1 Allgemeine Merkmale von Entwicklungsmodellen 34
   3.2 Ökonomische Entwicklungsmodelle 37
   3.3 Phasenmodelle: Pümpin und Prange 39
   3.4 Phasenmodelle: Glasl und Lievegoed 42
   3.5 Weitere Lebenszyklen- und Phasenmodelle 45
   3.6 Evolutionsmodelle 47
   3.7 Zusammenfassung: Dynamik und Gestaltbarkeit von Unternehmensentwicklung ..52

Unternehmensentwicklung gestalten **55**

4. Gründe für Unternehmensentwicklung erkennen 55
   4.1 Plädoyer für eine differenzierte Betrachtung 55
   4.2 Frühaufklärung für die Unternehmensentwicklung 56
   4.3 Äußere Gründe der Unternehmensentwicklung und ihre Erfassung 58
   4.4 Innere Gründe der Unternehmensentwicklung und ihre Erfassung 60
   4.5 Zusammenfassung 63

5. Ziele der Unternehmensentwicklung 64
   5.1 Stellung von Entwicklungszielen 64
   5.2 Langfristiger Nutzen als Ziel 64
   5.3 Übertragung der Entwicklungsziele auf die Teilsysteme des Unternehmens 68
   5.4 Zusammenfassung 69

6. Entwicklungskonzepte 71
   6.1 Auswahl und Bewertung von Entwicklungskonzepten 71
   6.2 Betriebswirtschaftliche Entwicklungsstrategien 73
   6.3 Business Process Reengineering 75
   6.4 Lean Management 76
   6.5 Total Quality Management und das EFQM-Modell 77
   6.6 Die lernende Organisation 78
   6.7 Ausblick: Das flexible Unternehmen 80

7. Ethische Fragen in der Unternehmensentwicklung 82
   7.1 Ethische Aspekte von Entwicklungszielen 82
   7.2 Vorgehen in der Unternehmensentwicklung 84

8. Steuerung des Unternehmensentwicklungsprozesses 85
   8.1 Wandel in Unternehmen: von der Beobachtung zum Handeln 85
   8.2 Aufgaben des geplanten Wandels 87
   8.3 Grundlegende Ansätze der Veränderung von Unternehmen 88
   8.4 Umgang mit fördernden und hemmenden Kräften des Wandels 91
   8.5 Wahl des Zeitpunkts 95
   8.6 Die geplante Evolution 95
   8.7 Phasen und Abfolgen in Veränderungsprojekten 97
   8.8 Programm-Management 98
   8.9 Einbettung der Unternehmensentwicklung in den Geschäftsalltag 100

Inhaltsverzeichnis

9. Rollen und Personen in der Unternehmensentwicklung 101
   9.1 Die Stellung der Unternehmensleitung 101
   9.2 Erweiterung des Blickfelds 101
   9.3 Einzelne Rollen und Positionen 102
   9.4 Betriebliche Einzelfunktionen in der Unternehmensentwicklung 104

10. Instrumente der Unternehmensentwicklung: Ein Überblick 105
    10.1 Schwerpunkt dieses Abschnitts 105
    10.2 Kriterien zur Einordnung von Instrumenten 105
    10.3 Kriterien zur Bewertung von Instrumenten 107
    10.4 Instrumente im Teilsystem Strategie 107
    10.5 Instrumente im Teilsystem Kultur 110
    10.6 Instrumente im Teilsystem Strukturen 113
    10.7 Integrierter Einsatz 117

11. Standortbestimmung 118
    11.1 Beurteilung und Messbarkeit von Unternehmensentwicklung 118
    11.2 Alternative Messansätze von Unternehmensentwicklung 120
    11.3 Auswahl von Beurteilungskriterien 121
    11.4 Einzelne Kriterien zur Beurteilung von Unternehmensentwicklung 123

12. Ausblick 125
    12.1 Unternehmensentwicklung als Daueraufgabe 125
    12.2 Die entwicklungsfähige Organisation 126
    12.3 Leadership in der Unternehmensentwicklung 127

Literatur 129

Stichwortverzeichnis 137

Unternehmensentwicklung verstehen

1. Einstieg: Um was geht es?

1.1 Unternehmensentwicklung als Thema

Das Interesse am Thema Unternehmensentwicklung ist durch das Wirtschaftsgeschehen selbst bedingt: Nach Meinung einzelner Autoren hat sich in den letzten Jahren eine veritable „Business Revolution" abgespielt. Die Beschleunigung technischer und wirtschaftlicher Entwicklung führe dazu, dass generell kleinere, flexible Einheiten zu Wachstumsträgern der Wirtschaft würden. Die Auflösung räumlicher Grenzen (Globalisierung), die mit den Fortschritten bei Verkehr, Transport und Informatik zusammenhängt, ist für viele ein Grund dafür, dass eine dynamische Sicht der Unternehmensführung an Bedeutung gewonnen hat. Hinzu kommt ein stärkerer Wettbewerb, der Wandel von Anbieter- zu Nachfragermärkten, der Unternehmen zu mehr Beweglichkeit zwingt. Kurz, die Geschäftswelt ist komplex geworden. Es reicht nicht mehr aus, Geschäfte sachkundig abzuschließen. Um Erfolg zu haben, ist darüber hinaus das Gestalten der Geschäftsmodelle und der Systeme erforderlich.

> **Herausforderungen an Unternehmen (nach Doppler/Lauterburg, 2005)**
>
> - Innovationssprünge der Informatik: schnellere Zyklen, IT ersetzt mittlere Führungsebene
> - Verknappung der Zeit: schnelles Reagieren ist gefragt (First-Mover-Advantage)
> - Interkulturelle Zusammenarbeit in einer globalen Wirtschaft
> - Verknappung der Ressourcen: Umweltschutz, Verdrängungswettbewerb, Nachfragermärkte
> - Steigerung der Komplexität: Eigendynamik von Prozessen, geringe Steuerbarkeit

In der Betriebswirtschaftslehre fanden dynamische Aspekte der Unternehmensführung früh Beachtung. So betonte die St. Galler Schule bereits Ende der 1970er-Jahre den Entwicklungsaspekt von Management, was sich in der Definition von Ulrich (1991) niederschlug, der

Management als das Lenken, Gestalten und Entwickeln von sozialen Systemen verstand. Im erneuerten St. Galler Modell von 2003 figuriert Entwicklung als eine gesonderte Dimension (vgl. Abschnitt 2.9). Den Begriff Unternehmensentwicklung prägten im deutschen Sprachraum zusätzlich Pümpin und Prange (1991) sowie Bleicher (2004), in dessen Verständnis die Entwicklung des Unternehmens zu den Führungsaufgaben zählt und von dem die Definition von Unternehmensentwicklung stammt:

> **Definition von Unternehmensentwicklung (Bleicher, 2004, S. 498)**
>
> „Der Begriff Unternehmensentwicklung stellt auf ein zeitbezogenes Phänomen ab: die Evolution eines ökonomisch orientierten sozialen Systems im Spannungsfeld von Forderungen und Möglichkeiten der Um- und Inwelt. Ausschlaggebend für diese Evolution ist die Stiftung eines höheren Nutzens relativ zum Angebot vergleichbarer anderer Wettbewerbssysteme durch die Bereitstellung und Inanspruchnahme strategischer Erfolgspotenziale."

Spezifische Konzepte zur Weiterentwicklung von Unternehmen brachten Praktiker in den 1990er-Jahren vor (Kaltenbach, 1988; Trebesch, 1994). Sie grenzen sich ab vom rationalen Ansatz eines von oben geplanten Wandels, der sich nicht bewährt hatte: Instrumente und Pläne nutzen wenig, wenn die Einsicht der betroffenen Menschen fehlt. Unternehmensentwicklung sahen diese Autoren als eine Abkehr von der Instrumenten-Gläubigkeit und als eine Hinwendung zu menschenorientierten Erkenntnissen. Sie plädierten für eine Verbindung der sachlichen Aspekte des strategischen Managements mit den prozess- und lernorientierten Verfahren der Steuerung sozialer Systeme. Neuere Ansätze widmen sich der Verbindung von Außen- und Innensicht, der Entwicklung des Marktes mit den Kompetenzen des Unternehmens (z. B. Wildenmann, 2002). Eine eigene Seitenlinie bilden evolutionstheoretisch inspirierte Darstellungen. Sie übertragen Erkenntnisse aus der Evolutionstheorie auf soziale Gebilde und versuchen, die Entwicklung von Unternehmen mit ähnlichen Begriffen zu beschreiben wie die Entwicklung von Lebewesen (z. B. Otto et al., 2007).

> **Unternehmensentwicklung - verwandte Begriffe**
>
> **Change Management** definieren Wirtschaftslexika (z.B. Gabler, 2004) als Anpassung des Unternehmens an veränderte Rahmenbedingungen. Hier soll Change Management zunächst einfach als Steuerung des Wandels in Organisationen verstanden werden. Im betrieblichen Umfeld beinhaltet Wandel die Veränderung von Strategien, Strukturen und Systemen sowie des Verhaltens der Unternehmensangehörigen.
>
> **Organisationsentwicklung (OE, vgl. Rosenstiel, 2007; Hasenzagl, 2006; Kaune, 2004)** gilt zusammen mit anderen Konzepten als Ansatz zur Umsetzung des Change Management, des geplanten Wandels in Organisationen. Neben der OE sind als Ansätze Kaizen (kontinuierliche Verbesserung), die sachorientierte Optimierung von Aufbau- und Ablauforganisation oder die systemische Beratung bekannt. Mit OE verbinden viele eine „weiche Art" des Wandels, bei der Organisationsstruktur, Organisationskultur und individuelles Verhalten unter größtmöglicher Beteiligung der Betroffenen beeinflusst werden sollen. Ziel dieser Interventionen ist es, die Leistungsfähigkeit der Organisation und die Qualität des

Arbeitslebens zu verbessern. Gegenüber den Anfängen haben allerdings auch bei der OE die Wirtschaftlichkeitsziele an Einfluss gewonnen.

Das strategische Management bezieht sich auf die Außenbeziehungen des Unternehmens bzw. der Organisation. Lombriser und Abplanalp (2005) definieren strategisches Management als „den Prozess, mit dem sich ein Unternehmen an die externe Umwelt anpasst". Im strategischen Management ist die geplante Entwicklung des Unternehmens im Hinblick auf die Anforderungen an die Umwelt und die strategische Positionierung wichtig.

Entrepreneurship und Corporate Entrepreneurship (CE, vgl. Burns, 2008; Frank, 2006): Im Zusammenhang mit der Beschleunigung des Wandels in der Wirtschaft ist unternehmerisches Verhalten zu einem Betrachtungsgegenstand geworden. Unternehmerisches Verhalten (Entrepreneurship) ist ein Phänomen mit zahlreichen Aspekten; es weist Merkmale wie Innovationsfreude, Veränderungsbereitschaft, besonderen Umgang mit Risiken sowie Proaktivität (Initiative) und das Suchen nach Gelegenheiten auf. Unternehmerisches Verhalten in Organisationen wird als „Corporate Entrepreneurship" bezeichnet, während einzelne Autoren das Führen von unternehmerischen Organisationen „Entrepreneurial Management" nennen.

1.2 Vier Aspekte von Unternehmensentwicklung

Unternehmensentwicklung ist kein neues Konzept, sondern vielmehr eine bestimmte Sichtweise auf bestehende Themen und Fragen der Unternehmensführung. Von diesem Standpunkt aus gesehen hat Unternehmensentwicklung folgende vier Aspekte:

1. Der Gegenstand der Unternehmensentwicklung (auch: institutioneller Aspekt): Es handelt sich um die Art des Unternehmens und die Frage, welche Teilbereiche sich verändern sollen. Um Veränderung zu steuern, braucht es einen Orientierungsrahmen bezüglich des zu verändernden Gegenstands. Das Wort „Unternehmen" steht hier stellvertretend für alle sozialen Gebilde, die einen bestimmten wirtschaftlichen oder gesellschaftlichen Zweck verfolgen, also auch für Non-Profit-Organisationen, Verwaltungen und staatliche Betriebe.

2. Das Ziel der Unternehmensentwicklung (auch: inhaltlicher Aspekt): Damit sind der angestrebte Zielzustand und die Entwicklungsrichtung des Unternehmens gemeint. Bei den Zielen besteht die Aufgabe darin, die Innenperspektive der Möglichkeiten einer Organisation mit der Außenperspektive der Nutzenpotenziale und der Ansprüche der Umwelt zu verbinden. Die Außenperspektive behält dabei den Vorrang, weil ein Unternehmen keinen Selbstzweck darstellt. Für kommerzielle Unternehmen leiten sich die Ansprüche der Umwelt aus dem Markt ab. Im Fall von staatlichen Organisationen sind es die Anforderungen des Politikfeldes und die Ziele der einzelnen politischen Programme (Policies; vgl. Windhoff-Héritier, 1987 und Schneider/Janning, 2006), bei Non-

Profit-Organisationen sind es die Erwartungen der verschiedenen Anspruchsgruppen. In diesem Aspekt geht Unternehmensentwicklung also weiter als etwa die Organisationsentwicklung, sie umfasst nebst dem Vorgehen auch den Inhalt. Sie zielt nicht nur auf die Entwicklung der Binnenorganisation eines Unternehmens ab, sondern gleichzeitig auf seine Austauschbeziehungen mit der Außenwelt.

3. Das **Vorgehen in der Unternehmensentwicklung** (auch: Prozessaspekt): Dieser Aspekt umfasst die Schritte und Abläufe der Veränderung sowie die einzelnen Instrumente. Im Vorgehen besteht die Herausforderung darin, **sachrationale und sozial-emotionale Themen** miteinander zu verbinden. Die Ziele von Unternehmensentwicklung mögen sachorientiert sein. Um sie zu erreichen, braucht es die Unterstützung und das Engagement der Menschen, die im Betrieb arbeiten. In diesem Aspekt überschneidet sich die Unternehmensentwicklung mit der Arbeits- und Organisationspsychologie.

4. Die **Dynamik in der Unternehmensentwicklung:** Bei diesem Aspekt geht es darum, das Unternehmen als veränderliches und veränderbares Gebilde zu begreifen. Zentrales Thema ist hier die **beschränkte Gestaltbarkeit,** die sich aus der Eigengesetzlichkeit von Organisationen und den Anforderungen der Umwelt ergibt. Häufig klafft eine Lücke zwischen der beabsichtigten und der tatsächlichen Unternehmensentwicklung (vgl. Abschnitte 3.1 und 3.7). Diese Lücke ist Gegenstand wirtschaftswissenschaftlicher Untersuchungen, die Zusammenhänge zwischen bestimmten Variablen und dem Ergebnis der Unternehmensentwicklung zu ermitteln versuchen (z. B. Woywode, 1998). Zur Dynamik gehörend und eine Folge der eingeschränkten Gestaltbarkeit sind darüber hinaus das Wechselspiel von **Wandel und Beharren** und die Abfolge von Bruch und Kontinuität.

Einstieg: Um was geht es?

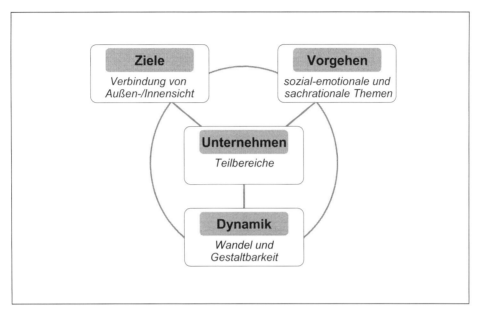

Abbildung 1: Vier Aspekte der Unternehmensentwicklung und ihre zentralen Themen

1.3 Aufbau dieses Buchs

Der Aufbau dieses Buchs orientiert sich an den vier Aspekten von Unternehmensentwicklung (vgl. Abbildung 1). Unter dem Oberbegriff „Unternehmensentwicklung verstehen" behandeln die Kapitel 2 und 3 den Gegenstand und die Dynamik von Unternehmensentwicklung. Dabei präsentieren sie eine Reihe von Modellen, weil Modelle aus dem Führungs- und Organisationsalltag nicht mehr wegzudenken sind. Um unternehmerisch erfolgreich tätig zu sein, ist es nicht notwendig, alle diese Modelle zu kennen. Aber sie vermitteln ein Hintergrundwissen, an dem sich die Entwicklungsarbeit orientieren kann.

Modelle reduzieren komplexe Sachverhalte auf ein anschauliches Maß. Ein Modell ist eine vereinfachte Abbildung, die dem Original in Aufbau (Struktur), Funktion oder Verhalten ähnelt. Mit Modellen arbeiten heißt daher abgrenzen, verallgemeinern und Einzelheiten bewusst weglassen. Für die Anwendung im Alltag bedeutet das, die Grenzen von Modellen zu akzeptieren und Abweichungen in der Alltagserfahrung zu erkennen. Nicht selten liegt der Nutzen von Modellen darin, den Spezialfall sichtbar zu machen. Modelle haben daher in ihren Unzulänglichkeiten ebenfalls einen Erkenntniswert. Die Diskussion von Modellen verfolgt noch ein weiteres Ziel: Den einzelnen Modellen liegen bestimmte Wertvorstellungen zugrunde. Entscheidungen für eine bestimmte Richtung der Entwicklung sollten zumindest im Bewusstsein dieser Werthaltungen erfolgen.

In einer stark vereinfachten Sicht lassen sich die Modelle nach dem Schema „Was, Warum, Wie" charakterisieren. Unternehmensmodelle (Kapitel 2) beschreiben das „Was". Entwicklungsmodelle (Kapitel 3) beschreiben das „Warum" und teilweise das „Wie", indem sie den Entwicklungsverlauf erläutern.

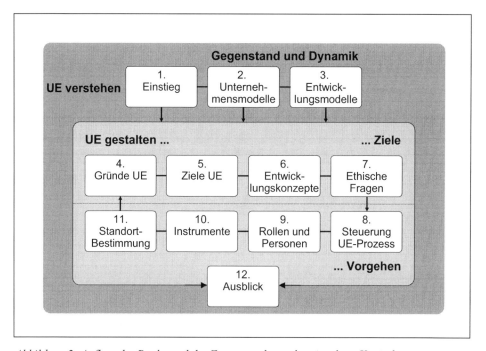

Abbildung 2: Aufbau des Buchs und der Zusammenhang der einzelnen Kapitel

Der Teil „Unternehmensentwicklung gestalten" ist den praktischen Themen gewidmet. Die Kapitel 4 bis 7 behandeln die Ziele von Unternehmensentwicklung sowie zugehörige inhaltliche Fragen. Der Teil beginnt mit einer Darstellung der Gründe von Unternehmensentwicklung in Kapitel 4. Das Kapitel 5 beschreibt mögliche Entwicklungsziele, während in Kapitel 6 ausgewählte Entwicklungskonzepte vorgestellt werden, die unter anderem den Idealzustand eines Unternehmens umreißen. Das Kapitel 7 rundet die Zieldiskussion mit einem Überblick über ethische Fragen ab, die sich bei der Entwicklungsarbeit stellen.

Kapitel 8 bis 11 betreffen den Vorgehensaspekt und geben eine Übersicht über Ansätze des Wandels sowie Instrumente der Unternehmensentwicklung. Angesichts der Fülle betriebswirtschaftlicher Instrumente muss es bei einer gerafften Übersicht bleiben. Weitere Hinweise finden sich in den entsprechenden Einzeldarstellungen (vgl. Literaturverzeichnis). Alle Kapitel im Teil „Unternehmensentwicklung gestalten" lassen sich darüber hinaus als Etappen eines Steuerungskreises begreifen (vgl. Abbildung 2), der bei der Entwicklungsarbeit mehrfach durchlaufen werden kann. Abgeschlossen wird die Darstellung durch ein Schlusskapitel

(Kapitel 12) zum Idealbild eines entwicklungsfähigen Unternehmens und zur Bedeutung von Leadership in der Unternehmensentwicklung.

Tabelle 1: Verwendung der Begriffe zur Kennzeichnung gedanklicher Konstrukte

Bezeichnung	Inhalt/Umschreibung	Kapitel
Unternehmensmodelle	Abbildung der wichtigsten Teile und Funktionen eines Unternehmens Beispiele: 7S-Modell, Teile des St. Galler Modells	2
Entwicklungsmodelle	Beschreibung der Unternehmensentwicklung aus einer Außenperspektive (der Wissenschaft) Beispiele: Phasen-/Lebenszyklus-Modelle	3
Entwicklungskonzepte	Vorstellungen (auch als Soll-Vorstellung) zum Inhalt/Ziel der Entwicklung eines Unternehmens Beispiele: EFQM, Lean Enterprise etc.	6
Ansätze des Wandels	Ansätze und Vorstellungen zum Vorgehen, wie Unternehmen verändert werden können Beispiele: OE, Kaizen, systemische Beratung	8
Instrumente	Handlungsanleitungen zur Gestaltung des Unternehmens und seiner Teilsysteme Beispiel: Instrumente der Strategieentwicklung	10

Um die Orientierung unter den verschiedenen Konzepten und Modellen zu erleichtern, unterscheidet dieses Buch zwischen Entwicklungskonzepten (Kapitel 6), die den Inhalt der geplanten Entwicklung beschreiben, einzelnen Ansätzen, um Wandel in Unternehmen zu erzeugen (Kapitel 8), sowie den Instrumenten (Kapitel 10), die Handlungsanleitungen zur Gestaltung des Unternehmens geben. Dem gegenüber stehen die allgemeinen Unternehmens- und Entwicklungsmodelle aus Kapitel 2 und 3 (vgl. Tabelle 1).

2. Unternehmensmodelle

Die vorliegende Übersicht ist eine Auswahl von Modellen, die für eine Einführung besonders geeignet erschienen, weitere Hinweise liefert die Fachliteratur (z. B. Elle, 1991; Hutzenschenreuter/Wulf, 2001; Perich, 1992 und Weissenberger-Eibl, 2003). Weil sie jeweils andere Aspekte in den Vordergrund stellen, überlagern sich diese Modelle eher als dass sie sich ausschließen. Sie sollen helfen, die vielfältigen Eindrücke aus dem betrieblichen Alltag einzuordnen. Nur wenn eine Orientierung zum „Phänomen Unternehmen" besteht, ist es überhaupt erst möglich, eine Entwicklung zu beschreiben und einzuleiten. Die Organisationspsychologie bringt zudem Unternehmensmodelle mit unterschiedlichen Menschenbildern in Zusammenhang, die etwas über die Werthaltungen aussagen, die hinter diesen Modellen stehen (vgl. Kirchler, 2008).

Tabelle 2: Übersicht über gängige Unternehmensmodelle und ihre Merkmale

Modell/ Merkmale	Beschreibung	Betonung innerer oder äußerer Beziehungen	Menschenbild
Rationale Modelle			
Mikroökonomie	Unternehmen als Produktionsfunktion, das Produktionsfaktoren (Input) in Produkte (Output) umwandelt.	Betonung äußerer Beziehungen, innerer Aufbau des Unternehmens nicht im Vordergrund	Mensch als rational handelndes Wesen (sog. „homo oeconomicus")
Bürokratie-Modell (Weber, Taylor)	Rationale, zweckgerichtete Organisation mit Arbeitsteilung und Spezialisierung (Maschinen-Metapher)	Betonung innerer Beziehungen einer durchstrukturierten Organisation, die zu Überlegenheit führt	
Sozialpsychologische Modelle			
Human-Relations-Bewegung und Humanisierung der Arbeitswelt (hier nicht behandelt)	Unternehmen als soziales Gebilde / als Verbindung von sozialen und technischen Elementen (sog. Soziotechnik)	Betonung innerer Beziehungen/offen	Mensch als soziales Wesen, das nach Anerkennung und Selbstverwirklichung strebt

Systemorientierte Modelle			
Grundzüge	System als Menge von Elementen, die miteinander in Beziehung stehen	Unternehmen sind offene Systeme mit Innen- und Außenbeziehungen	Mensch als komplexes Wesen mit verschiedenen Bedürfnissen, das sich nur indirekt beeinflussen lässt
ISO 9000 ff.	Unternehmen als Prozess der Wertschöpfung	Wertschöpfungsprozess für Kunden im Vordergrund	
7S-Modell	Sieben Elemente von Struktur/Strategie/etc.	Betont inneren Aufbau	
Schalen-Modell	Drei Subsysteme mit insgesamt sieben Schalen	Betont inneren Aufbau	
St. Galler Management-Modell	Teilsysteme Strategie/Kultur/Strukturen mit Geschäftsprozessen	Umfasst inneren Aufbau und Außenbeziehungen zu Anspruchsgruppen	

2.1 Das mikroökonomische Modell

Die Mikroökonomie als Teilbereich der Volkswirtschaftslehre betrachtet die Produktionsfunktion von Unternehmen. Das Unternehmen funktioniert hier wie eine komplizierte Maschine, die mittels bestimmter Verfahren (Technologie, Techniken) aus den sogenannten Produktionsfaktoren „Boden" (Rohstoffe), „Arbeit" (Arbeitskraft) und „Kapital" (Investitionen in Werkzeuge und Anlagen) ein Produkt herstellt, das es auf dem Markt verkauft. Halbfabrikate, die in die Produktion einfließen, lassen sich ebenfalls als eine Kombination der drei Produktionsfaktoren auffassen. Zweck eines jeden Unternehmens ist die Ertragsmaximierung. Ein Unternehmen wird so lange seine Produktion steigern, wie die Grenzkosten des produzierten Gutes unter dem aktuellen Marktpreis liegen. Diese Sicht des Unternehmens mit seiner Verbindung von Input und Output (vgl. Abbildung) bildet die Grundlage für alle betriebswirtschaftlichen Modelle und für weiterführende Theorien der Unternehmensentwicklung. Das mikroökonomische Modell bildet sozusagen die Kernfunktion wirtschaftlicher Tätigkeit ab. Damit beschränkt es sich gleichzeitig auf die strikt rationale Seite des Wirtschaftens. Dem entspricht das Menschenbild des „homo oeconomicus". Außerdem blieb der innere Aufbau von Unternehmen für die Volkswirtschaftslehre lange Zeit von untergeordneter Bedeutung. Entscheidend war die Umwandlung der Produktionsfaktoren in handelbare und vor allem nachgefragte Güter.

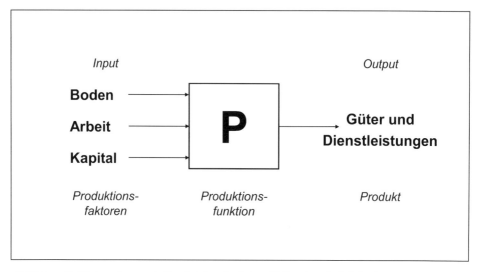

Abbildung 3: Unternehmen als Produktionsfunktion (Volkswirtschaftslehre)

2.2   Das Bürokratie-Modell

Den inneren Aufbau eines Unternehmens beschreiben verschiedene Organisationslehren, die bis in jüngste Zeit auf das Konzept der hierarchischen und arbeitsteiligen Organisation zurückgehen, die der deutsche Soziologe Max Weber am konsequentesten beschrieben hatte (vgl. Weber, 1972). Seine Lehre von der sogenannten bürokratischen Organisation berücksichtigt die Mikroökonomie, bezieht sich aber auf die gesellschaftlichen Aspekte des Wirtschaftens. Während die Mikroökonomie die wirtschaftliche Funktion des Unternehmens beschreibt, zeigt das Modell der bürokratischen Organisation, wie sich Menschen organisieren, um diese wirtschaftliche Funktion in einer modernen Gesellschaft wahrzunehmen. Selbst wenn das Modell der bürokratischen Organisation aus der Beobachtung staatlicher Herrschaft entstanden ist, bildete es das Muster großer industrieller Unternehmen, die im 19. Jahrhundert ganz bewusst die Organisationsformen der Verwaltung nachahmten.

Im Hintergrund des Bürokratie-Modells steht Webers Annahme, die moderne Gesellschaft sei durch das zweckrationale Handeln bestimmt. Nicht mehr Mythen, Religion oder überlieferter Brauch leiten die Handlungen der Menschen, sondern ihre Eignung, einen bestimmten, im Voraus gesetzten Zweck zu erfüllen. Weber sieht die bürokratische Organisation als ein Ergebnis dieses Verständnisses.

Die bürokratische Organisation zeichnet sich aus durch eine hohe Arbeitsteilung, sachliche Pflichten und eine feste Hierarchie mit klar ausformulierten Kompetenzen. Die Angehörigen der Organisation sind aufgrund ihrer fachlichen Qualifikationen angestellt und erhalten ein

Entgelt für ihre Leistungen. Sie sind hauptberuflich in der Organisation tätig. Die bürokratische Organisation ist nach Meinung Max Webers allen anderen Organisationsformen aus der Geschichte an Wissen und Präzision überlegen. Die Begründer der Managementlehre, wie Taylor oder Fayol, verfeinerten im Grunde genommen dieses Modell für die Betriebsführung und reicherten es um verschiedene Gestaltungsprinzipien an.

Für die Unternehmensentwicklung befindet sich in diesem Anspruch an Rationalität und Präzision der wichtigste Ansatzpunkt des bürokratischen Modells: Es mag veraltet klingen, aber es prägt noch immer die geltende Vorstellung einer gut geführten Organisation. Sachlichkeit, Berechenbarkeit und Professionalität sind nach wie vor gültige Werte. In vielen Punkten lehnt sich das bürokratische Modell an das Bild einer Organisation als Maschine an. Deswegen stieß dieses Modell und seine Nachfolger auf starke Ablehnung. Die Kritik reichte und reicht noch heute von einer unzulässigen Reduktion des Menschen auf seine ökonomische Funktion bis hin zu einem Vergleich der Macht großer Organisationen mit den Verhältnissen im Feudalismus des „Ancien Régime". Die Organisationspsychologie ordnet dem Modell der bürokratischen Organisation und seinen Nachfolgern das Bild des „homo oeconomicus" bzw. des „rational man" zu, des rational urteilenden und handelnden Menschen.

2.3 Systemorientierte Modelle

Das Bürokratie-Modell erfuhr in den späten sechziger Jahren des zwanzigsten Jahrhunderts durch die Anwendung der Systemtheorie eine wesentliche Änderung. Zuvor hatten schon die Angehörigen der Human-Relations-Bewegung an der maschinenhaften Vorstellung der Organisation Kritik geübt und die sozialpsychologischen Aspekte in den Vordergrund gerückt. In dieser Bewegung liegt eine der Wurzeln der Arbeits- und Organisationspsychologie als Disziplin. Sie schuf für diese Sicht des Menschen die Bilder des „social man" bzw. des „selfactualizing man", des Menschen als soziales Wesen und als Wesen, das nach Selbstverwirklichung strebt.

Die Systemtheorie neutralisierte das Bild des Unternehmens und ermöglichte den Einbezug der sozialpsychologischen Aspekte von Organisationen. Sie sieht das Unternehmen als eine Menge unterschiedlicher Teilsysteme und Elemente, die alle miteinander in Verbindung stehen. Dabei meint das Wort „System" eher eine bestimmte Sichtweise als einen klar umrissenen Gegenstand. Sehr viele Dinge, auch geistige Konzepte, lassen sich als Systeme betrachten.

In seiner abstraktesten Form ist ein System ein tatsächliches oder ideelles Ganzes, das sich aus einer Menge von Elementen zusammensetzt, die durch Beziehungen (Relationen) miteinander verknüpft sind. Das System ist also durch die Menge der Elemente und ihrer Beziehungen untereinander gekennzeichnet. Das Merkmal der Elemente besteht darin, dass sie sich nicht mehr weiter zerlegen lassen. Die Gesamtheit aller Beziehungen bildet die Struktur, oder auch die Organisation, eines Systems. Wo die Grenzen eines Systems liegen, ist durch das System und seine Selbsterzeugung vorgegeben.

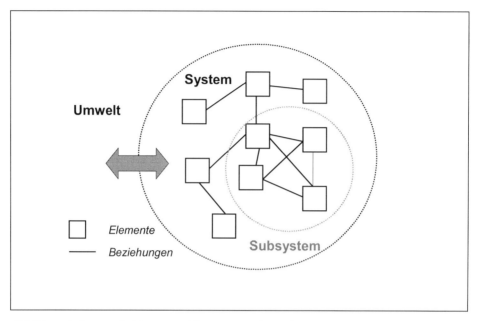

Abbildung 4: System als Menge von Elementen und Beziehungen (Veranschaulichung)

Die moderne Systemtheorie betont vor allem die Dynamik und die Selbsterzeugung in einem System (vgl. Krieger, 1996; Simon, 2007). Sie beschäftigt sich nicht mehr nur mit der Ordnung und der Struktur von Systemen, sondern vielmehr mit der Selbsterhaltung und Selbsterzeugung von Systemen. Ein zentraler Begriff der modernen Systemtheorie ist zudem die Autonomie von Systemen. Vor allem Systeme, die sich selbst erzeugen, gelten als autonom. Sie lassen sich nicht manipulieren (allenfalls noch zerstören), sie können nur noch angeregt (irritiert) werden. Die Reaktion auf die Anregung ist aber durch das System und seinen inneren Zustand gegeben; sie lässt sich nicht von außen aufzwingen.

Die Systemtheorie hat ihren Niederschlag in den Sozialwissenschaften und in der Betriebswirtschaftslehre gefunden. Im deutschsprachigen Raum gilt vor allem Ulrich (1991) aus der St. Galler Schule als Begründer der systemorientierten Managementlehre. Die sogenannten systemischen Ansätze in den Sozial- und Wirtschaftswissenschaften betonen die Autonomie von sozialen Systemen sowie ihre Selbsterhaltung in ihrer Umwelt (z. B. Einzelpersonen in einer Familie oder in einem Team). Den systemtheoretischen Modellen ordnet die Sozialpsychologie das Menschenbild des „complex man" zu, des Menschen, der unterschiedliche Beweggründe und Bedürfnisse in sich vereinigt und der sich einer platten Verallgemeinerung entzieht. Die Lernfähigkeit ist ein Teil dieses Menschenbilds.

Die Systemtheorie hat bewirkt, dass der durch die Zweckrationalität der Organisation geprägte hierarchische Aufbau zugunsten einer flexiblen Sicht der Beziehungen in einem Unternehmen in den Hintergrund gerückt ist. Anstelle des reinen Organisationszwecks führt die Systemtheorie mehr abstrakte Beurteilungskriterien wie Autonomie, Stabilität und Veränderbarkeit eines Unternehmens bzw. Systems ein. Nicht zuletzt erteilt die systemische Sicht dem Maschinen-Bild mit seiner einfachen (eindimensionalen) Ursache-Wirkungs-Beziehung eine Absage. Sie versucht zu zeigen, wie eine bestimmte Zielgröße von vielen Faktoren abhängt und umgekehrt eine einzelne Maßnahme zu Nebeneffekten in anderen Teilen des Systems führen kann.

Elemente sozialer Systeme können einzelne materielle Gegenstände, aber vor allem auch alle Kommunikationshandlungen sein, die im System ablaufen. Zu diesen Kommunikationshandlungen gehören sowohl finanziell bedeutsame Handlungen (Geld drückt gesellschaftlichen Wert aus) als auch andere Mitteilungen, wie zum Beispiel Anweisungen oder Ausbildungssequenzen.

Da es einen intensiven Austausch von Gütern, von Geld und nicht zuletzt von Informationen pflegt, gilt das Unternehmen als offenes System, das seine Grenzen zur Umwelt laufend neu definieren und aufrechterhalten muss. Der intensive Austausch mit seiner Außenwelt führt zur Frage, wie weit ein Unternehmen sich den Veränderungen in der Umwelt anpassen muss und kann. Dieses Problem setzt sich zusammen aus der Wahrnehmung von Veränderungen in einer komplexen Umwelt und aus der Möglichkeit, darauf angemessen zu reagieren. Dazu kommt noch, dass ein Unternehmen kein System darstellt, das nur auf Ausgleich mit seiner Umwelt ausgerichtet ist, sondern dass es auch autonom, d. h. ohne äußeren Antrieb, handelt.

Wenn hier von System die Rede ist, dann geht es entweder

- um den inneren Aufbau oder die Struktur eines sozialen Gebildes oder
- um die Funktion eines sozialen Gebildes und seiner Austauschbeziehungen mit der Umwelt
- oder um die Veränderbarkeit eines sozialen Gebildes im Sinne autonomer Systeme.

Für die Unternehmensentwicklung skizzieren die systemischen Modelle die zwei zentralen Fragen für die praktische Umsetzung:

1. Wie weit soll sich ein Unternehmen der Umwelt, dem Markt und den Branchen anpassen, wie weit kann es dagegen autonom und aus eigenem Antrieb handeln?
2. Welche Teile des Unternehmens als System lassen sich in welchem Umfang verändern?

2.4 Neuere Unternehmensmodelle aus der Betriebswirtschaftslehre

Die neueren Unternehmensmodelle in der Betriebswirtschaftslehre versuchen, die wichtigsten Elemente der oben skizzierten Modelle in unterschiedlicher Differenzierung aufzunehmen (vgl. Abbildung 5). Sie bilden die mikroökonomischen Funktionen ab und verfolgen einen mehr oder weniger ausgeprägten systemischen Ansatz, indem sie die zentralen Teilsysteme eines Unternehmens mit seinen Außenbeziehungen untergliedern. Einzelne Modelle beinhalten den Entwicklungsaspekt, wie zum Beispiel das St. Galler Management-Modell (Rüegg-Stürm, 2003).

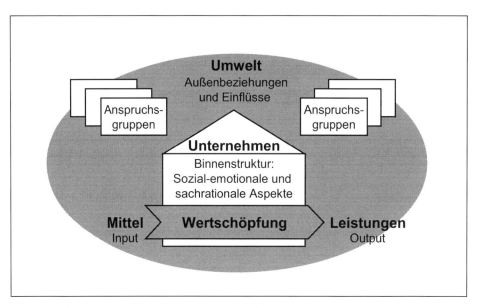

Abbildung 5: Grundzüge von Unternehmensmodellen

2.5 Das Unternehmensmodell in den ISO-Normen zum Qualitätsmanagement

Die internationale Standardisierungsorganisation (ISO) verwendet in ihren Normen zum Qualitätsmanagement (ISO 9000 ff.) ein Modell, das als Grundbaustein für viele Unternehmensmodelle gelten darf, weil es in seinem Kern auf einer Input-Output-Beziehung beruht (vgl. Becker, 2005 und Kamiske/Umbreit, 2008). Der besondere Wert des Modells für die Unternehmensentwicklung liegt in der Sicht der Wertschöpfung als Prozess zwischen Input und Output sowie dem hohen Stellenwert der Kundenanforderungen. Im Modell ebenfalls enthalten ist ein Regelkreis zur Lenkung und Verbesserung der Prozesse. Keine Erwähnung finden die menschlichen Faktoren oder der Daseinszweck eines Unternehmens, es sei denn, die Kundenanforderungen bestimmten alleine die Daseinsberechtigung einer Organisation. Erst in der überarbeiteten Fassung macht das Modell Aussagen zur weiteren Umwelt einer Organisation.

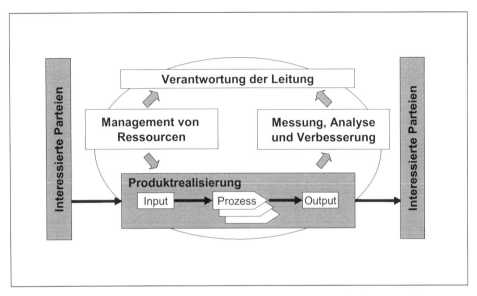

Abbildung 6: Unternehmensmodell von ISO 9000 ff. (nach Kamiske/Umbreit, 2008)

2.6 Das 7S-Modell von Peters und Waterman

Peters und Waterman haben 1982 das sogenannte 7S-Modell vorgestellt, um die Faktoren abzubilden, die bei der Organisationsgestaltung zu berücksichtigen sind (Peters/Waterman, 2006). Die sieben S stehen für Struktur, Strategie, Systeme, Selbstverständnis (engl. Superordinate Goals), Spezialkenntnisse, Stil und Stammpersonal (vgl. Abbildung 7). Peters und Waterman bezeichneten die sieben S ursprünglich als Variablen, um eine leistungsfähige Organisation zu gestalten. Ein Hauptanliegen der Autoren bestand darin, den „menschlichen Faktor" in die Überlegungen der Organisationsgestaltung einzubringen. Das macht dieses Modell für die Unternehmensentwicklung interessant.

In einer systemtheoretischen Perspektive können die sieben S als Teilsysteme eines Unternehmens gelten. Die sieben S sind nicht immer trennscharf, dennoch zeigt das Modell grundlegende Komponenten auf, die allen Organisationen gemeinsam sind: Daseinszweck der Organisation, Kultur und Stile sowie formale Strukturen und Instrumente, zu denen ebenfalls die Ablauforganisation und die Prozesse zählen. Die Prozesssicht der Wertschöpfung ist in diesem Modell allerdings nicht besonders ausgeprägt. Es fehlen zudem die Beziehungen eines Unternehmens zu seiner Umwelt.

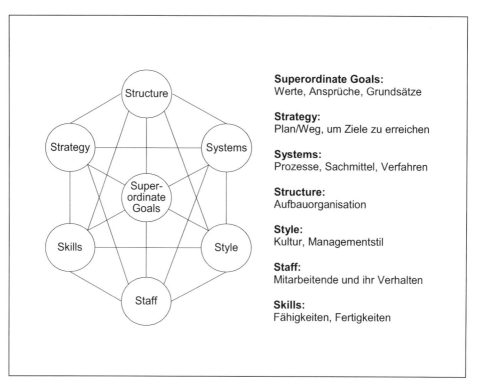

Abbildung 7: Das 7S-Modell von Peters/Waterman (2006)

2.7 Das Schalen-Modell von Glasl und Lievegoed

Lievegoed und Glasl wollten für ihre Darstellung der Unternehmensentwicklung ein ganzheitliches Bild des Unternehmens entwerfen (Glasl/Lievegoed, 2004). Sie ließen sich dabei von der Systemtheorie und ganz unmittelbar vom Aufbau von Lebewesen inspirieren. Im Modell von Lievegoed und Glasl besteht ein Unternehmen aus drei Teilsystemen, denen insgesamt sieben Schalen zugeordnet sind (vgl. Abbildung). Das kulturelle Subsystem umfasst die Schale der Identität (Zweck/Mission/Grundwerte) sowie diejenige der Unternehmenspolitik und -strategie. Das soziale Subsystem umfasst die Schalen „Struktur", „Menschen, Stile bzw. Gruppen, Klima" sowie „Organe bzw. Funktionen". Das technisch-instrumentelle Subsystem umfasst die Schalen „Prozesse und Abläufe" sowie „Physische und materielle Mittel". Nicht nur in der Zahl der Schalen, sondern auch in deren Beschreibung ähnelt das Modell von Lievegoed und Glasl demjenigen von Peters und Waterman. Der Nutzen des Modells für die Unternehmensentwicklung liegt ebenfalls in der Aufnahme sozial-emotionaler Aspekte bei der Abbildung von Unternehmen. Beide Modelle verfolgen übrigens eine Binnensicht, die Beziehungen zur Außenwelt finden wenig Beachtung. Dieses Thema kommt bei Glasl und Lievegoed allerdings in einem anderen Zusammenhang vor. Zudem betonen die Autoren die Prozesssicht der Wertschöpfung.

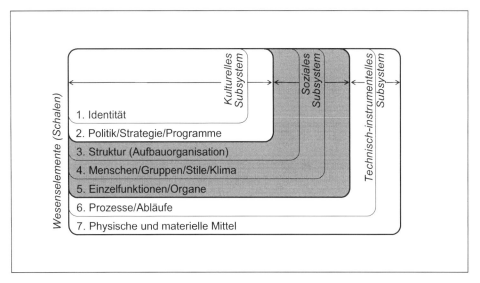

Abbildung 8: Unternehmensmodell von Glasl/Lievegoed (2004); eigene Darstellung

2.8 Das Organisationsmodell von Mintzberg

Mintzberg hat im Zusammenhang mit seinen Untersuchungen zu Führung und Organisation ein eigenes Organisationsmodell entworfen (Mintzberg, 1991), das ähnliche Komponenten aufweist wie das Schalen-Modell von Glasl und Lievegoed. Gemäß dem Modell von Mintzberg besteht eine Organisation aus einem operativen Kern, in dem die Wertschöpfung stattfindet, einer Spitze (Leitung), dem mittleren Management, einer „Technostruktur" mit Fachleuten, unterstützenden Einheiten sowie der vorherrschenden Ideologie (Kultur). Die folgende Abbildung zeigt den Zusammenhang der verschiedenen Komponenten.

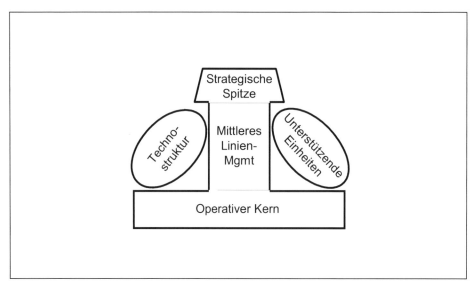

Abbildung 9: Unternehmensmodell von Mintzberg (1991); vereinfacht

Zum Modell gehören darüber hinaus noch die Externen, die Einfluss auf das Unternehmen ausüben. Der Organisation geben zudem verschiedene Koordinationsformen der Arbeit ihr Gesicht (vgl. Darstellung unten). Zum Verständnis von Unternehmensentwicklung ist das Modell hilfreich, weil Mintzberg es mit einem Entwicklungsverlauf koppelt, bei dem er die Binnendynamik von Unternehmen in den Vordergrund stellt (vgl. Abschnitt 3.6). Nach Mintzberg lassen sich mit diesem Modell auch Verwaltungen und Non-Profit-Organisationen abbilden.

Koordinationsmechanismen in Organisationen (nach Mintzberg, 1991):

- Gegenseitige Abstimmung: zwischen zwei Mitarbeitenden, oft im operativen Kern
- Direkte Kontrolle: durch Anordnungen der Vorgesetzten
- Standardisierung der Arbeitsabläufe: Standards, oft von Technostruktur eingeführt
- Standardisierung des Outputs: Ergebnisse der Arbeiten sind durch Pläne spezifiziert
- Standardisierung der Fertigkeiten: Koordination durch gleiche Ausbildung des Personals
- Standardisierung der Normen (Werte): Koordination durch gleichartige Überzeugungen

2.9 Die Abbildung des Unternehmens im St. Galler Management-Modell

Das St. Galler Management-Modell (vgl. Rüegg-Stürm, 2003) geht über die bildhafte Darstellung von Unternehmen weit hinaus. Es will eine Orientierungshilfe für Management-Fragestellungen sein. Im Kern enthält es ein systemtheoretisch inspiriertes Modell des Unternehmens, das die beiden Hauptelemente der oben beschriebenen Modelle in sich vereinigt.

Einerseits enthält das Modell sogenannte Ordnungsmomente, die als Subsysteme einer zweckgerichteten Organisation gelten können: **Strategie, Strukturen und Kultur.** Zur Strategie gehören die Festlegung des Leistungsprogramms, des Fokus der Wertschöpfung, die Bestimmung der Kooperationsfelder und der Kernkompetenzen. Die Strukturen bilden die Aufbau- und Ablauforganisation sowie deren Fixierung in entsprechenden Dokumenten, ferner die räumliche und zeitliche Anordnung. Die Kultur beinhaltet Normen und Werte, Einstellungen und Haltungen, Geschichten, Denk-, Argumentations- und Interpretationsmuster, Sprachregelungen sowie kollektive Überzeugungen und Erwartungen. In diese Gliederung lassen sich mit einigen Anpassungen die Teilsysteme von Glasl und Lievegoed überführen. Nicht ganz überschneidungsfrei ist die Zuordnung der „sieben S" von Peters und Waterman, aber sie ist möglich. In den drei Ordnungsmomenten sind Zweckbestimmung sowie soziale und technisch-instrumentelle Bereiche eines Unternehmens aufgenommen. Aus Gründen der Anschaulichkeit ist allerdings in den nachfolgenden Kapiteln die Reihenfolge umgestellt: Strategie, Kultur und Strukturen.

Andererseits ermöglicht das Modell zusätzlich eine differenzierte Sicht auf die Abläufe im Unternehmen, weil es zwischen Management-, Geschäfts- und Unterstützungsprozessen unterscheidet. In diesem Punkt berücksichtigt es die ausgeprägte Prozesssicht des ISO- und der übrigen Qualitätsmanagement-Modelle wie zum Beispiel des EFQM-Modells (vgl. Abschnitt 6.5).

Außerdem bildet das Modell die Außenwelt eines Unternehmens ab, zu der verschiedene Sphären gehören. So gesehen liefert das St. Galler Management-Modell ein umfassendes Bild eines Unternehmens, weil es Innensicht und Außensicht miteinander verbindet.

Die unmittelbare Umwelt eines Unternehmens bilden die sogenannten Anspruchsgruppen. Das sind Gruppen, die aufgrund ihrer Beziehungen zum Unternehmen bestimmte Ansprüche stellen können. Als Erstes verdienen hier die Kundinnen und Kunden Erwähnung. Die Mitarbeitenden, Geldgeber oder Lieferanten erfordern als Anspruchsgruppen ebenfalls Beachtung. Die Literatur kennt weitere Anspruchsgruppen. Besonders im öffentlichen Sektor sind verschiedene staatliche Institutionen oder die Medien zu erwähnen. Häufig sind einzelne Unternehmen mit ihren Produkten Teil einer ganzen Wertschöpfungskette. Typische Beispiele finden sich in der Konsumgüterindustrie, wie etwa in der Autoherstellung. Gerade in diesen Fällen wäre eine isolierte Betrachtung des Unternehmens besonders irreführend. Non-Profit-Organisationen, die zum Beispiel im Auftrag des Staates Angebote für bestimmte Zielgruppen bereitstellen, befinden sich in einer ähnlichen Lage. Ihr Angebot ist Teil eines größeren staatlichen Programms und stiftet seinen Nutzen nur im Kontext des entsprechenden Politikfelds.

Zur weiteren Umwelt eines Unternehmens gehören Wirtschaft, Gesellschaft, Technologie und Natur. Veränderungen in der weiteren Umwelt können den Spielraum eines Unternehmens darüber hinaus erheblich beeinflussen.

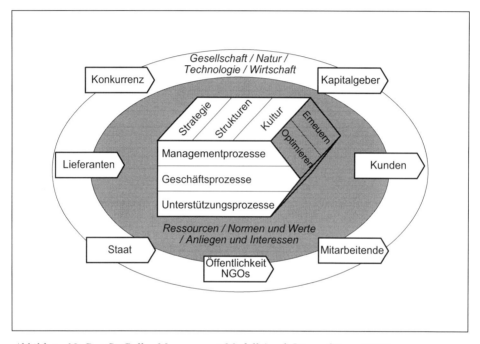

Abbildung 10: Das St. Galler Management-Modell (nach Rüegg-Stürm, 2003)

2.10 Zusammenfassung: Außen- und Innenperspektive

Die verschiedenen Unternehmensmodelle steuern nun die Komponenten bei, die zum Verständnis der Unternehmensentwicklung notwendig sind (vgl. Tabelle 3). Mikroökonomie und das Modell der bürokratischen Organisation liefern das Abbild der wirtschaftlichen Kernfunktion und der rationalen Seite von Unternehmen.

Der Vorteil von Modellen wie demjenigen von Peters und Waterman oder dem von Glasl und Lievegoed liegt darin, dass sie die sozial-emotionalen oder psychologischen Aspekte von Unternehmen abbilden. Das St. Galler Modell liefert hier mit seinen drei „Ordnungsmomenten" Strategie, Kultur und Strukturen, die es um eine differenzierte Sicht der Prozesse ergänzt, eine Synthese. Unter der Voraussetzung eines umfassenden Verständnisses von Unternehmenskultur sind die sozial-emotionalen Aspekte von Unternehmensentwicklung in diesem Modell gut abgebildet.

Gemäß der Systemtheorie ist das Unternehmen ein offenes, produktives, soziales und dynamisches System, das mit seiner Umwelt in Austauschbeziehungen steht und stehen muss, damit es eine Daseinsberechtigung hat. Daher ist es wichtig, die Binnenperspektive mit der Außenperspektive eines Unternehmens zu verbinden, wie das zum Beispiel das St. Galler Management-Modell tut. Die Außenperspektive hat dabei den Vorrang, weil eine zweckbestimmte Organisation sich vor allem durch Nutzen rechtfertigt, den sie für ihre Umgebung oder Umwelt stiftet.

In der Außenperspektive sind die Anspruchsgruppen zentral, weil das Unternehmen seine Beziehungen zu ihnen am ehesten beeinflussen kann. Aus dieser unmittelbaren Umwelt mobilisiert das Unternehmen seine Ressourcen, seien es Finanzmittel, qualifiziertes Personal oder die Rechtfertigung für sein Handeln. Die Wettbewerbsfähigkeit eines Unternehmens wird maßgeblich durch die Beziehungen zu seinen Anspruchsgruppen gesteuert. So bezeichnet etwa Porter (1998) in seiner „Mikroökonomie des Wettbewerbs" die Inputkonditionen der Beschaffung, die Nachfragekonditionen der Kunden, die Zusammensetzung der Zulieferer und verwandter Betriebe sowie den allgemeinen Wettbewerbskontext als zentrale Faktoren der Wettbewerbsfähigkeit eines Unternehmens.

Tabelle 3: Beitrag der Unternehmensmodelle zum Verständnis von Unternehmensentwicklung

Modell/Merkmale	Beitrag für das Verständnis der Unternehmensentwicklung
Rationale Modelle	
Mikroökonomie	Abbildung der Wertschöpfung, der wirtschaftlichen Kernfunktion von Unternehmen, in mathematisch berechenbarer Form
Bürokratie-Modell (Weber, Taylor)	Sachrationale Seite von Unternehmen, Beschreibung von Arbeitsteilung, Spezialisierung und Professionalität
Systemorientierte Modelle	
Grundzüge	Differenzierte Sicht des Unternehmens, ermöglichen Abbildung unterschiedlicher Aspekte von Unternehmen
ISO 9000 ff.	Einbringen einer Prozesssicht der Wertschöpfung mit Betonung der Kunden-Anforderungen
7S-Modell	Abbildung sozial-emotionaler bzw. kultureller Komponenten
Schalen-Modell	Abbildung sozial-emotionaler bzw. kultureller Komponenten
St. Galler Management-Modell	Verbindung Innen- und Außenperspektive, Abbildung sachrationaler und kultureller Komponenten

In einer integrierten Sicht geht es nun darum, die Teilsysteme Strategie, Kultur und Strukturen im Hinblick auf ihren Beitrag zur Wertschöpfung und zur Gestaltung der Außenbeziehungen zu überprüfen. Für Unternehmensentwicklung als Gestaltungsaufgabe lautet die entscheidende Frage: Wie lassen sich Strategie, Strukturen und Kultur gestalten oder zumindest beeinflussen, damit die Geschäftsprozesse reibungslos ablaufen und tatsächlich einen Nutzen für Anspruchsgruppen stiften? Dafür ist die Kenntnis der Eigengesetzlichkeit und der Dynamik von Unternehmen erforderlich.

3. Entwicklungsmodelle

Nach gängigem Verständnis unterliegen Unternehmen und Organisationen einer bestimmten Eigenbewegung, deren Verlauf und Dauer mit verschiedenen Faktoren erklärt wird. In der Betriebswirtschaftslehre gibt es dazu eine Reihe von Entwicklungsmodellen, die in der Literatur untersucht und miteinander verglichen wurden (Elle, 1991; Paul, 1985; Perich, 1992; Hutzschenreuter/Wulf, 2001; Weissenberger-Eibl, 2003). Das vorliegende Kapitel präsentiert eine Auswahl von Beispielen mit ihren wichtigsten Merkmalen.

Die Intervention in Organisationen mit der Absicht, die Entwicklung gezielt zu beeinflussen, behandelt Kapitel 6 unter dem Stichwort „Entwicklungskonzepte". Die Darstellung von ausgewählten Entwicklungsmodellen soll zuerst das Verständnis für Veränderungen von Unternehmen wecken. Sie schafft damit die Grundlagen, um später Entwicklungskonzepte beurteilen und einsetzen zu können. Die Modelle zeigen die Vielfalt der Auslöser und die Antreiber von Unternehmensentwicklung auf und sie veranschaulichen die Grenzen der Gestaltbarkeit. Wenn sie dabei nur das Risiko eines Scheiterns von Entwicklungsvorhaben senken, so haben die Modelle ihren Zweck bereits erfüllt.

3.1 Allgemeine Merkmale von Entwicklungsmodellen

Die verschiedenen Entwicklungsmodelle lassen sich mit einigen zentralen Merkmalen charakterisieren (vgl. Paul, 1985; Perich, 1992). Damit ist es möglich, einen Überblick zu gewinnen und den Erklärungswert einzelner Modelle zu beurteilen. Es gibt derzeit kein abschließendes und allgemein anerkanntes Modell der Unternehmensentwicklung, und es dürfte auf absehbare Zeit auch keines geben.

- **Gestaltbarkeit (Voluntarismus/Determinismus):** Ein zentrales Merkmal, das nicht zuletzt für die praktische Arbeit der Unternehmensentwicklung Bedeutung hat, ist die Bewertung der Gestaltbarkeit. **Deterministische Modelle** besagen, dass sich Unternehmensentwicklung aufgrund wenig oder überhaupt nicht beeinflussbarer Faktoren abspielt. Es sind zum Beispiel der Wettbewerb, der Technologiezyklus oder schlicht das Alter der Organisation, die den künftigen Verlauf der Entwicklung eines Unternehmens bestimmen.

Handlungsspielraum besteht in einer deterministischen Sicht kaum oder ist nicht von Interesse. Auf der anderen Seite stehen **voluntaristische Modelle,** die von einer völligen Gestaltbarkeit des Unternehmens und seiner Entwicklung durch das Management oder durch eine Unternehmerpersönlichkeit ausgehen. Die voluntaristische Sicht ist nichts weiter als ein „Unternehmer-Determinismus": Die Entwicklung des Unternehmens ist weitgehend von den Handlungen einiger weniger Unternehmerpersönlichkeiten bestimmt.

- **Betonung innerer oder äußerer Faktoren:** Eng verknüpft mit dem Gegensatzpaar Voluntarismus/Determinismus ist die Frage der Bedeutung von äußeren und inneren Faktoren der Unternehmensentwicklung. Auch hier geht es um die Kräfte, die die Entwicklung antreiben oder anstoßen. Voluntaristische Modelle betonen zwangsläufig die Innensicht. Es sind das Management oder die Führungspersonen, die Entwicklung gestalten können. Äußere Faktoren haben allenfalls den Stellenwert von Grenzen.

  Deterministische Modelle sind noch weiter unterteilt. Eine Gruppe von Modellen betont den Stellenwert äußerer Faktoren. Demzufolge gibt das Umfeld die Entwicklung eines Unternehmens vor, das Unternehmen und seine Angestellten können allenfalls noch eine mehr oder weniger erfolgreiche Anpassung vornehmen. Auf der Gegenseite gibt es einen sogenannten Innendeterminismus. Er betont die Eigenbewegung einer Organisation, die weitgehend deren Entwicklungspfad vorgibt. Zum Beispiel können Entscheidungen und deren Umsetzung durch interne Politik und die Machtverhältnisse innerhalb eines Unternehmens beeinflusst oder sogar bestimmt sein. Die Durchsetzung von Führungsentscheidungen scheitert zuweilen an den Verhältnissen an der Basis. Ferner beeinflusst die Binnenstruktur eines Unternehmens die nächste Etappe der Entwicklung.

- **Verlauf des Wandels:** Die beiden ersten Merkmale bezogen sich darauf, welche Antreiber und Auslöser der Unternehmensentwicklung die einzelnen Modelle betonen. Bei diesem Merkmal geht es um den Verlauf des Wandels. Vier Muster von Entwicklungsverläufen lassen sich nachzeichnen (vgl. Perich, 1992):

  1. **Statisches Gleichgewicht:** Unternehmen pendeln um einen Gleichgewichtszustand herum.

  2. **Episodischer Wandel:** Die Unternehmen verlassen einen alten Zustand, durchlaufen eine Phase des Wandels und verharren im neuen Zustand.

  3. **Lebenszyklus- und Phasenmodelle:** Die Unternehmen verlaufen ein mehr oder weniger vorgegebenes Muster von Entwicklungsabschnitten, die in der Regel dem natürlichen Lebenszyklus nachempfunden sind. In diesen Modellen gibt es letztlich eine klare Entwicklungsrichtung und ein Entwicklungsziel.

  4. **Offene Entwicklungsmodelle:** In ihnen lösen sich Phasen von Kontinuität und Diskontinuität ab. Kontinuität dient der Reproduktion des Unternehmens, während die Phase einer Diskontinuität das Zusammenfallen verschiedener Veränderungen beinhaltet. Wie beim episodischen Wandel ist das Entwicklungsziel in diesen Modellen offen.

In der Gestaltbarkeit und im Stellenwert äußerer und innerer Faktoren unterscheiden sich die meisten Entwicklungsmodelle. Darüber hinaus bestehen zahlreiche weitere Verästelungen.

Tabelle 4: Übersicht über gängige Entwicklungsmodelle und ihre Merkmale

Modell/ Merkmale	Gestaltbarkeit der Entwicklung	Betonung innerer oder äußerer Faktoren der Entwicklung	Verlauf des Wandels (und Entwicklungsziel)
Ökonomische Modelle			
Schumpeter, auch: Coase	Unternehmer-persönlichkeit steuert das Unternehmen (Voluntarismus)	Verbinden innere und äußere Faktoren	Kontinuierliche und „ruckartige" (disruptive) Veränderungen möglich; Entwicklungsziel offen
Porter, Industrie-ökonomik	Später: Wettbewerbskräfte begrenzen strategische Optionen	Betonung äußerer Faktoren der Wettbewerbskräfte und der Umweltbedingungen	
Phasenmodelle			
Pümpin/Prange	Entwicklung hängt vor allem vom Lebenszyklus des Produkts und des Verfahrens ab (Determinismus)	Betonung äußerer Faktoren (Lebenszyklen von Produkten/Verfahren)	Abfolge bestimmter Phasen, ähnlich Lebensabschnitten; Entwicklungsziel durch Phasenabfolge gegeben
Glasl/Lievegoed	Begrenzter Handlungsspielraum vorhanden	Innere und äußere Faktoren wichtig	
Evolutionsmodelle			
Mintzberg	Handlungsspielraum durch Wahrnehmungs- und Umsetzungsdefizite der Unternehmensleitung begrenzt	Betonung innerer Faktoren, Entwicklung als Folge der Machtverteilung und von Koalitionen im Unternehmen	Übergang zu bestimmten Organisationstypen, aber Reihenfolge offen; Phasen von Stabilität und Wandel möglich
Evolutions-ansatz, Konfigurations-ansatz, weitere	Fremdbegrenzung durch Umwelt, Selbstbegrenzung durch eingeschränkte Problemlösungs-kapazität (begrenzter Voluntarismus)	Innere und äußere Faktoren wichtig; bisheriger Entwicklungspfad bestimmt nächste Schritte	Phasen von Stabilität und Veränderung lösen sich ab; keine bestimmte Abfolge; Entwicklungsziel offen

3.2 Ökonomische Entwicklungsmodelle

Im Konzept der bürokratischen Organisation von Weber (vgl. Abschnitt 2.2.) gibt es vor allem ein Stichwort: Rationalisierung. Rationalisierung geht weit über eine Optimierung zweckdienlicher Mittel hinaus. Der Begriff umfasst vielmehr die gesamte Ablösung von ursprünglichen Organisationsformen zugunsten von zweckrationalem Handeln. Gemäß Weber ist die Unterwerfung immer neuer Lebens- und Organisationsbereiche unter das Zweckdenken ein säkularer Trend. Ein gutes Beispiel sind etwa die Versuche, Erscheinungsbild und Organisationskultur im Sinne der Unternehmensziele (Zweckbestimmung) zu beeinflussen. In dieser Hinsicht ist die bürokratische Herrschaft früheren Herrschaftsformen überlegen. Da die bürokratische Organisation von einer Zweckrationalität ausgeht, hat sie starke voluntaristische Elemente. Fachleute gestalten und lenken die bürokratische Organisation. So gesehen ähnelt sie einer Maschine, die sich nach rationalen Gesichtspunkten planen und lenken lässt.

Ausgeprägt voluntaristische Elemente weist die Entwicklungstheorie des österreichischen Volkswirtes Joseph Schumpeter auf (Schumpeter, 1934). Er befasste sich mit der Entwicklung ganzer Volkswirtschaften und wollte zeigen, wie „ruckartige", diskontinuierliche Entwicklungen im Sinne von Entwicklungsschüben zustande kommen. Diese Entwicklungsschübe können nach Ansicht Schumpeters nicht nur durch äußere Faktoren ausgelöst werden, sondern auch aus der Wirtschaft selbst heraus entstehen. In diesem Fall sind es Unternehmerpersönlichkeiten, die mit Hilfe von Krediten Neuerungen durchsetzen. Es ist gewissermaßen ihr Wille, der zu neuen Produkten oder Verfahren führt. Zur Erklärung und Veranschaulichung der „ruckartigen" Veränderungen in der Wirtschaft erarbeitete Schumpeter einen Katalog von grundlegenden Innovationen, der noch heute Gültigkeit und Erkenntniswert besitzt (vgl. nachfolgende Darstellung).

Fälle von Innovationen in der wirtschaftlichen Entwicklung (Schumpeter, 1934)

- Herstellung eines neuen Gutes oder eines Gutes in neuartiger Qualität;
- Einführung einer neuen, dem betreffenden Industriezweig neuartigen Produktionsmethode;
- Erschließung eines neuen Absatzmarktes;
- Eroberung einer neuen Bezugsquelle von Rohstoffen und Halbfabrikaten;
- Durchführung einer Neuorganisation, z. B. Aufbau oder Aufbruch eines Monopols etc.

Schumpeter stützt sich dabei auf die Mikroökonomie, mit deren Hilfe sich das Vorgehen in vieren der fünf Fälle von Innovation noch etwas anschaulicher machen lässt. Zielgröße ist und bleibt im mikroökonomischen Modell die Steigerung der Erträge. Dafür stehen einer Unternehmerpersönlichkeit folgende Wege offen (vgl. Samuelson/Nordhaus, 2007):

1. Der erste Weg führt über die **Veränderung des Produkts,** seiner Eigenschaften oder seines Verwendungszwecks. Mit dem neuen Produkt soll ein Preis erzielt werden, der mehr Erträge abwirft als das alte Produkt. Dieser Weg steht für eine Differenzierungsstrategie, weil sich das Produkt des Unternehmens von dem seiner Mitbewerber unterscheidet. Das entspricht dem ersten Fall von Innovation (vgl. Fälle von Innovationen in der wirtschaftlichen Entwicklung).

2. Der zweite Weg besteht darin, bei einem gegebenen Produkt und gegebenen Preisen die **günstigste Faktorkombination** anzustreben. Günstig bezieht sich hier auf die Preise der einzelnen Produktionsfaktoren. Es handelt sich also darum, die Kosten zu senken, indem der Einsatz von Produktionsfaktoren minimiert oder ein teurer Produktionsfaktor durch einen günstigeren ersetzt wird. Es ist ein Hauptziel technologischer Neuerungen, dasselbe Produkt mit einer günstigeren Faktorkombination herzustellen. In den letzten 250 Jahren hieß das vor allem, teure menschliche Arbeit durch kostengünstigere Maschinen zu ersetzen. Umgekehrt können tiefe Preise einzelner Produktionsfaktoren technische Neuerungen blockieren, wie die Diskussionen um die Preise fossiler Energieträger zeigen. Der Weg, die Faktorkombination zu optimieren, bedeutet letztlich Kostenführerschaft. Das entspricht dem zweiten Fall bzw. vierten Fall von Innovation.

3. Der dritte Weg besteht darin, bei gegebener Technologie und gegebenen Preisen den Absatz auf neue Märkte oder Kundengruppen auszudehnen. Das Unternehmen erhöht zu diesem Zweck die Produktion oder fusioniert gegebenenfalls mit einem Mitbewerber. Dieser Weg lässt sich mit den Begriffen Expansion und Multiplikation beschreiben. Das entspricht dem dritten Fall von Innovation.

In seiner Betonung der Rolle von Unternehmerpersönlichkeiten, die er deutlich von bloßen Verwaltern und „Wirten" abgrenzte, für die Durchsetzung von Innovationen und damit für die Entwicklung ganzer Volkswirtschaften nahm Schumpeter die Leadership-Diskussion vorweg. Die Leadership-Literatur führt ihn deswegen gerne als Beleg an.

Eine Ergänzung der klassischen Mikroökonomie lieferte Coase, der sich fragte, mit welcher ökonomischen Berechtigung überhaupt Firmen entstehen (Coase, 1937/1991). Obwohl die Wirtschaft durch den Preismechanismus koordiniert wird, werden in den Unternehmen die Markttransaktionen ersetzt durch einen sogenannten „unternehmerischen Koordinator", der die Produktion lenkt. In den Firmen gibt es eine Planung, die mehr ist als individuelle Planung und einer Wirtschaftsplanung gleicht. Warum braucht es das überhaupt? Die Antwort liegt in den Kosten, welche die Anwendung des Preismechanismus selbst erfordert, das heißt den Transaktionskosten. Jede Transaktion auf dem Markt erfordert das Aushandeln und Abschließen von Verträgen, was mit Aufwand und Kosten verbunden ist.

Eine weitere Erklärung zur Entstehung von Firmen liegt darin, dass der Preismechanismus im Markt eher zu kurzfristigen Verträgen führt. Die Marktteilnehmer haben aber aufgrund von Risikoüberlegungen ein Interesse an langfristigen Verträgen, im Sinne von Rahmenverträgen, die eine kurzfristige Disposition der Ressourcen zulassen.

Eine Firma wächst nach diesem Erklärungsansatz, wenn die zusätzlichen Transaktionen, die sonst der Markt regeln würde, von den Unternehmerpersonen innerhalb der Firma abgewickelt werden. Und sie schrumpft auf dem umgekehrten Weg. Mit zunehmender Größe nehmen die Kosten für die interne Organisation der Transaktionen zu. Das Unternehmen wird folglich so lange wachsen, bis die Abwicklungskosten einer zusätzlichen internen Transaktion (Grenzkosten) die Höhe der Transaktionskosten auf dem Markt erreicht – oder der Abwicklungskosten eines Mitbewerbers. Die Effizienz großer Firmen nimmt ab, weil mit zunehmender Größe die Vielfalt der Transaktionen und deren räumliche Ausbreitung wachsen. Das ist ein Fingerzeig für die ökonomischen Grenzen des Wachstums von Unternehmen. Die Theorie von Coase bildete den Ausgangspunkt der Institutionen-Ökonomie, die verschiedene Institutionen untersucht, mit deren Hilfe wirtschaftlicher Austausch betrieben wird.

Ein weiterer Ansatz zur Erklärung von Unternehmen und ihrem Erfolg ist die Betrachtung der Branche und ihres Einflusses auf den Erfolg von Unternehmen. Er figuriert unter der Bezeichnung „Industrieökonomik". Ein prominenter Vertreter dieser Richtung ist Porter mit seinem Konzept der fünf Wettbewerbskräfte, welche die Anziehungskraft einer Branche bestimmen und damit die strategischen Optionen der zugehörigen Unternehmen eingrenzen. Dieses Modell hat Porter später zu einer Theorie der Cluster ausgeweitet, wonach der Erfolg von Unternehmen ebenfalls von ihrer Positionierung in einem Wirtschaftsraum (Cluster) abhängt (Porter, 1998 und Porter, 2008).

Vielen ökonomischen Ansätzen haftet ein Zug von Voluntarismus an, mit Ausnahme etwa der Industrieökonomik. Die Wirtschaftsakteure können nach Belieben entscheiden, wie sie Faktorkombinationen gestalten und Transaktionen abwickeln wollen. Dazu passt das Bild des „homo oeconomicus" bzw. das „rational man" (vgl. Abschnitt 2.2). In der starken Betonung des Markts und des Wettbewerbs nehmen diese Ansätze eine Mittelstellung zwischen den inneren und äußeren Faktoren der Unternehmensentwicklung ein. Zur Dynamik der Entwicklung begründete Schumpeter das eindrückliche Bild von „ruckartigen", radikalen Transformationen, die in der Wirtschaft auftreten können. Von Interesse für das Verständnis von Unternehmensentwicklung sind darüber hinaus der Stellenwert der Innovation, die unterschiedlichen Wege zur Ertragssteigerung und die ökonomischen Grenzen der Unternehmensgröße gemäß dem Transaktionskostenansatz von Coase.

3.3 Phasenmodelle: Pümpin und Prange

Phasen-Modelle orientieren sich an den Wachstumsphasen von Lebewesen und übertragen die Lebensabschnitte von Kindheit, Jugend, Erwachsenenalter und hohem Alter auf die Entwicklung von Unternehmen. Die Gliederung der Phasen und ihre Bezeichnung ändern sich von Fall zu Fall, aber der Grundgedanke bleibt derselbe. Ebenfalls gemeinsam ist diesen Modellen, dass sie von klar abgegrenzten Phasen ausgehen, in denen sich das Unternehmen deutlich oder sogar radikal von vorhergehenden Zuständen unterscheidet. Uneinheitlich beurteilt werden die Übergänge von einer Phase zur anderen und die Faktoren, die den Übergang auslösen oder antreiben. Als Pionier gilt Greiner (1972), der von inneren Faktoren der Unternehmensentwicklung ausging und der für den Übergang von einer zur anderen Phase bestimmte Krisen verantwortlich machte. Denn nach Ansicht von Greiner stellen sich am Ende jeder Phase typische Schwellenprobleme, die bei mangelnder Gestaltung des Übergangs zu Krisen führen können. Die Nichtbewältigung der Probleme kann zu einer Rückentwicklung auf die bestehende Phase oder zum Untergang führen.

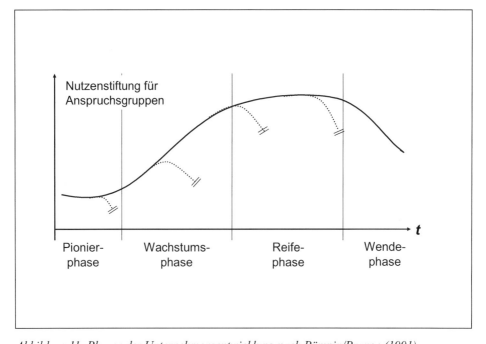

Abbildung 11: Phasen der Unternehmensentwicklung nach Pümpin/Prange (1991)

Das bisher prominenteste Modell im deutschsprachigen Raum haben Pümpin und Prange (1991) aufgestellt (vgl. Abbildung 11). Sie unterscheiden vier Phasen im Lebenszyklus eines Unternehmens:

1. **Pionierphase:** Aufbau eines Unternehmens, Innovation
2. **Wachstumsphase:** Durchbruch im Markt, Expansion
3. **Reifephase:** Vollständige Durchdringung, Sättigung
4. **Wendephase:** Krise und Zerfall, die eine besondere Managementaufgabe darstellt

Die Unternehmen zeichnen sich in jeder Phase durch bestimmte Eigenschaften in Bezug auf Führung, Strukturen und Marktbearbeitung bzw. Wertschöpfung aus. Die nachfolgende Übersicht versucht einen kurzen Überblick zu geben (vgl. Tabelle 5).

Tabelle 5: Lebensphasen von Unternehmen und ihre Merkmale nach Pümpin/Prange (1991)

Merkmal	Pionier-unternehmen	Wachstums-unternehmen	Reife-unternehmen	Wende-unternehmen
Strategie	Neuartiges Nutzenpotenzial kreieren oder finden	Expansion der Geschäftstätigkeiten, Multiplikation zur Ausschöpfung der erkannten Nutzenpotenziale	Nutzenpotenziale werden weiter ausgeschöpft, Risikoausgleich zwischen jungen und alten Geschäften	Schlechte Ertragslage veranlasst Rationalisierung, keine Mittel mehr für Innovationen
Organisation	Unkompliziert, wenig Hierarchieebenen, auf Unternehmerpersönlichkeit ausgerichtet	Funktionale Organisation, Beginn der Formalisierung, bei weiterem Wachstum Übergang zu divisionaler Organisation, Zunahme der Führungsebenen	Mehrdimensionale Organisation mit Tensor- oder Matrixstruktur (Funktionen mit Kunden oder Divisionen mit Kunden)	Wie Reifeunternehmen
Führung, Stil	Autoritärer Stil, patriarchalisch durch Pionier	Formaler, indirekter Stil, Professionalisierung	Partizipativer Stil, Führung durch Fachleute (Experten)	Distanzierter Stil, defensiv, auf Zahlen fixiert
Vorteile, Chancen	Flexibilität, Innovationskraft, Pragmatismus, enthusiastische Unternehmenskultur	Funktionale Organisation erlaubt Spezialisierung, Divisionalisierung ermöglicht Flexibilität, Erfahrung ermöglicht Mehrnutzen für alle Bezugsgruppen	Gute Finanzposition, große Ressourcen, Know-how und Erfahrung, Personal, Risikoausgleich unter Geschäftsfeldern, Stabilität bzw. Puffer gegen Störungen	Stützung durch den Staat möglich, Ausschaltung des Wettbewerbs (Kartelle) als Lösung, Bilanzkosmetik, Anstoß zu Neuanfang
Nachteile, Gefahren	Unzureichende Ressourcen, starke Abhängigkeit von Personen, Produkten oder Verfahren (Risikostreuung), geringes Geschäftsvolumen	Überforderung der Managementkapazitäten, finanzielle Mittel vermögen Wachstum nicht zu tragen, Einstieg in artfremde Geschäfte wegen Überoptimismus	Geringe Flexibilität, Innovationsbarrieren, Bürokratisierung durch formale Systeme (Parkinson), Machtkämpfe, Führung beruht auf formaler Autorität	Kundennutzen gering, Marktferne, Mittelabfluss, geringe Motivation, Verlust von qualifiziertem Personal, Innovationsmangel, Ende des Unternehmens

Das Zyklus-Modell von Pümpin und Prange lehnt sich an die Mikroökonomie an. Es beruht auf der Annahme, dass Marktnischen, Produkte und Herstellungsverfahren bestimmte, ebenfalls typische Lebenszyklen aufweisen. In einzelnen Branchen ändern sich mehrere Größen gleichzeitig (Energieerzeugung), in anderen Branchen wechselt nur das Verfahren (z. B. Stahlerzeugung, Druck und grafisches Gewerbe) oder nur das Produkt (z. B. Mode). Mit dem Verlauf der Lebenszyklen von Produkten, Verfahren oder Märkten verändern sich die Unternehmen. Dieses Lebenszyklus-Modell findet übrigens eine Parallele im öffentlichen Sektor: Dort geht es um den Policy-Cycle, den Lebenszyklus von Politikfeldern und politischen Themen, der sich ähnlich wie ein Produktlebenszyklus auf die Tätigkeit von Verwaltungen und öffentlichen Agenturen auswirkt (vgl. Windhoff-Héritier, 1987 und Schneider/Janning, 2006).

Es sind damit vorwiegend äußere Faktoren, die im Modell von Pümpin und Prange für die Entwicklung des Unternehmens verantwortlich sind. Am Übergang zu einer neuen Phase entstehen jeweils besondere Krisensituationen, weil die bestehenden Instrumente und Einstellungen für den nächsten Lebensabschnitt des Unternehmens nicht mehr angebracht sind. Die Autoren betonen zudem, dass sich selbst das Wendeunternehmen mit geeignetem Management wieder in einen neuen Lebenszyklus bringen lässt. Dennoch haftet dem Lebenszyklus-Modell etwas Deterministisches an. Die Abfolgen der Phasen scheinen unvermeidbar und werden durch die Bewegung des Produkt- oder des Technologielebenszyklus gesteuert. Die Verantwortlichen im Unternehmen können hier aus eigenem Antrieb nur noch gewisse Anpassungsleistungen vollbringen.

3.4 Phasenmodelle: Glasl und Lievegoed

In ihrem eigenen Wachstumsmodell, das bereits 1971 in einer ersten Fassung veröffentlicht wurde, folgen Glasl und Lievegoed (2004) einer evolutionsbiologischen Sicht. Sie sehen ebenfalls vier Lebensphasen, die aber im Gegensatz zum Modell von Pümpin und Prange im Ergebnis offen sind und nicht mit einer Wende oder dem Zerfall des Unternehmens enden:

1. **Pionierphase:** Entstehung der Organisation (vergleichbar mit Pümpin/Prange, 1991)
2. **Differenzierungsphase:** Definieren der Position, Aufbau eines beherrschbaren Apparats
3. **Integrationsphase:** Vereinigen von unterschiedlichen Aspekten einer Organisation
4. **Assoziationsphase:** Durchlässigkeit der Organisation und Eingliederung in die Umgebung

Entwicklungsmodelle

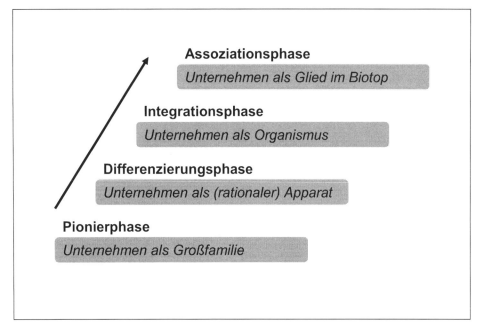

Abbildung 12: Phasen der Unternehmensentwicklung nach Glasl/Lievegoed (2004)

Um die verschiedenen Phasen zu charakterisieren, orientieren sich Glasl und Lievegoed an ihrem Unternehmensmodell der sieben Schalen (d. h. Identität, Programme, Struktur, Menschen, Einzelfunktionen, Ablauforganisation sowie physische Mittel, vgl. Abschnitt 2.7) und ordnen systematisch jeder der sieben Schalen eines Unternehmens für jede Lebensphase bestimmte Merkmale zu (vgl. Tabelle 6).

Tabelle 6: Lebensphasen von Unternehmen und ihre Merkmale nach Glasl/Lievegoed (2004)

Phase/ Merkmale	Pionierphase	Differenzierungsphase	Integrationsphase	Assoziationsphase
Kernaufgabe	Impulsieren einer informellen Organisation um Personen	Aufbauen eines beherrschbaren Apparats	Entwickeln eines ganzheitlichen Organismus	Vernetzung des Unternehmens mit den Umwelten
Gefahren	Chaos, Willkür, Personenkult	Über-Organisieren, Bürokratie, Erstarrung	Verselbstständigung, Ziele als Selbstzweck	Machtblöcke durch strateg. Allianzen

Merkmale der Schalen					
Identität	Persönliche Identität der Pionierpersonen, Kunde ist König	Rationales Definieren der Position, Markt ist anonym	Bewusste Arbeit am Leitbild, orientiert am Kundenbedürfnis	Position durch ges. Nutzen im Dialog definiert	
Programme	Ziele und Leitsätze intuitiv, Inhalt: Treue, Kreativität	Prinzipien der wiss. Betriebsführung, Inhalt: Transparenz, Steuerbarkeit, Ordnung	Partizipativ erarbeitet und kommuniziert, Inhalt: Verantwortung, Selbstorganisation, Inititative	Leitsätze proaktiv mit Umwelt abgestimmt	
Struktur	Flexibilität, Struktur um Pioniere etc.	Formalisierung, Stab-Linien-Organisation, Führungsebenen spezialisiert	Mischung von formaler und informaler Organisation, förderative Struktur	Durchlässige Grenzen, Vernetzung, selbststeuernde Bereiche	
Menschen	Charismatische Führung, informelle Kontakte, Wärme	Sachorientierte Führung, Kontakte instrumentell	Agogisch-situatives Führen, Personalentwicklung, viele Kontakte, Wärme/Nähe	Hohe Durchlässigkeit der Führung, agogisch-situativ, gesellschaftliche Verantwortung	
Einzelfunktionen	Aufgabenkonzentration um Personen, Allroundfunktionen	Rationale Aufgabenteilung, Spezialisierung, Trennung von Planung, Ausführung, Kontrolle	Sachliche und humane Kriterien, angereicherte und integrierte Funktionen	Mehr Job Enrichment, erweiterter Aufgaben- und Prozesshorizont, Nahtstellen-Management	
Ablauf-Organisation	Beweglichkeit, Improvisation, Sonderanfertigungen	Standardisierung, Routine, formalisiert, automatisiert, zentrale Kontrolle	Flexible Prozesssteuerung mit Rahmenvorgaben, Mischung, Selbst- und Fremdsteuerung	Auswertung Prozessdenken, Nahtstellen-Mgmt., Verzicht auf Pufferzonen (Just-in-Time)	
Physische Mittel	Gebäude, Anlagen von untergeordneter Bedeutung	Hoher Stellenwert der Technologie, Logik der Technik prägt als Sachzwang, IT wichtig	Infrastruktur nach sozio-technischen Gesichtspunkten, soft technology und andere	Anlagen auf Teamarbeit ausgerichtet, sparsamer Einsatz von Anlagen und Kapital	

Es ist allerdings nicht ganz klar, ob für Glasl und Lievegoed diese Merkmale empirische Tatsache, ein idealtypisches Modell oder sogar normative Soll-Vorstellungen sind. Gemäß dem Modell können die Phasen nicht übersprungen werden, weil jede Entwicklungsstufe das Durchlaufen früherer Stufen voraussetzt. Jede Phase hat ihren Nutzen und führt zu bestimmten Fähigkeiten, die ein System auf anderem Weg erwerben müsste. Aber es ist nicht zwingend, dass alle Phasen in voller Länge durchlaufen werden. Die Phasen folgen keinem vorausbestimmten Bewegungsgesetz, sondern zeigen auf, wo welche Möglichkeiten bestehen. Hier unterscheidet sich das Modell von demjenigen von Prange und Pümpin.

Glasl und Lievegoed gehen beim Übergang von einer Phase zur nächsten ebenfalls von einer radikalen Transformation aus. Nach ihrer Ansicht bedingen die Übergänge nicht nur einen Wandel in Struktur, Verhalten, Produkten oder Märkten des Unternehmens, sondern auch einen Paradigmenwechsel, also eine grundsätzliche Veränderung der Weltsicht. Bei jedem Übergang zu einer neuen Phase entbrennt ein Kampf zwischen Bewahrern und Erneuerern.

Auf den ersten Blick deuten die Merkmale der einzelnen Phasen auf eine Entwicklung der Organisation hin, die vorwiegend von inneren Faktoren getrieben ist, als gäbe es wie bei Lebewesen eine Art Wachstumsprogramm. Indessen betonen Glasl und Lievegoed eine ganzheitlich-systemische Perspektive, bei der nicht zuletzt die Interaktion mit der Umwelt die weitere Entwicklung einer Organisation beeinflusst. Zu einzelnen Faktoren macht das Modell jedoch keine Aussagen. Aus der ganzen Anlage des Textes geht hervor, dass eine technokratisch verstandene Gestaltbarkeit von Organisationen für die Autoren keine Perspektive darstellt. Im Sinne der Evolutionstheorie können die Menschen ihren Handlungsspielraum nutzen, sollten ihn aber weder überschätzen noch verleugnen.

3.5 Weitere Lebenszyklen- und Phasenmodelle

Publikationen von Prange und Pümpin sowie von Glasl und Lievegoed sind im deutschsprachigen Raum die prominentesten Vertreter der Phasenmodelle zur Unternehmensentwicklung. Als weitere Publikation ist diejenige von Kaltenbach (1988) zu erwähnen, der in der Lancierung des Themas eine Vorreiterrolle eingenommen hat. Er unterscheidet fünf Phasen in der Unternehmensentwicklung:

- **Phase I:** Probierstadium, Startphase
- **Phase II:** Aufschwung, stürmischer Aktionismus
- **Phase III:** Beruhigung, große Organisation, strategisch bewusstes Steuern
- **Phase IV:** Stagnation, Wettbewerb wird schmerzlich empfunden, vorsichtiges Agieren
- **Phase V:** Phase danach, neuer Schwung oder Verkauf

Bleicher (2004) hat einen idealtypischen, aber keineswegs zwingenden Verlauf der Unternehmensentwicklung skizziert, der sich an den Quellen des Wachstums eines Unternehmens orientiert. Es geht darum, ob sich ein Unternehmen aus sich heraus oder durch Kooperation mit anderen Unternehmen weiterentwickelt. Die Phasen unterscheiden sich jedoch nicht grundlegend von anderen Modellen:

- **Innere UE:** 1. Pionierphase, 2. Markterschließungsphase, 3. Diversifikationsphase
- **Äußere UE:** 4. Akquisitionsphase, 5. Kooperationsphase
- **Innere und äußere UE:** 6. Restrukturierungsphase

Einen etwas anderen Ansatz präsentiert Glazinski (2004), der sein Phasenmodell der Gruppendynamik entlehnt und einen idealen Regelkreis von Konfiguration (Gründungs- und Entstehungsphase), Transition (Umsetzen von Ideen, Aufbau) und Performance (höchste Leistungsfähigkeit) postuliert. Der Ansatz konzentriert sich auf die innere Entwicklung eines Unternehmens und macht keine Aussagen zum Einfluss von Marktkräften oder von Interaktionen mit der Umwelt.

Außerdem gibt es für die Phasen der Unternehmensgründung differenziertere Modelle (z. B. Butler, 2006 oder Burns, 2008), die auf die spezifischen Probleme von Start-ups eingehen. So unterscheidet Butler etwa folgende Phasen:

1. **Business-Start-up:** Dauer 6 Monate bis 6 Jahre, Überlebenstrieb, Erreichen von Break-even
2. **Relative Stability:** Dauer 1 bis 2 Jahre, Konsolidierung und Steigerung der Profitabilität
3. **Growth and Development:** Expansion, Wachstum von Marktanteilen und Kapital

Die Phasenmodelle handelten sich jedoch den Vorwurf des Determinismus ein: Aus ihrer Perspektive läuft Unternehmensentwicklung gewissermaßen unabhängig von den Handlungen der Akteure ab, die Krisen oder Übergänge müssen sich zwangsläufig einstellen. Jedenfalls ist der Beitrag der Unternehmensleitung und der Mitarbeitenden zum Übergang in eine neue Phase oder zur Vermeidung von Krisen nicht geklärt. Außerdem blieb die empirische Überprüfung dieser Phasenmodelle aus. Es sind idealtypische Modelle und nicht aus der systematischen Untersuchung der Wirtschaftsgeschichte hergeleitete Theorien. Sie lassen sich auf den beobachtbaren Alltag der Wirtschaft nur mit Vorsicht übertragen.

Dennoch haben Phasenmodelle für die Unternehmensentwicklung einen Erkenntniswert, weil sie es erlauben, Unternehmen und Organisationen zu charakterisieren und Instrumente oder Maßnahmen zu bewerten und auszuwählen. Es zeigt sich, dass viele Instrumente für Großunternehmen in einer reifen Phase entwickelt worden sind, die sich auf junge oder wachsende Unternehmen nur beschränkt anwenden lassen. Hier tragen die Phasenmodelle dazu bei, den Blick für die spezifische Lage von Unternehmen zu schärfen. Zudem bilden sie Phasen von Kontinuität und Diskontinuität ab. In einem Phasenübergang etabliert sich das Unternehmen auf einer neuen Entwicklungsstufe, bei dem es ganz andere Qualitäten aufweist, auch im Hinblick auf Führungssysteme, Kultur und Werthaltungen. Das ist zudem ein weiterer Erkenntniswert der Phasenmodelle: Häufig wachsen Unternehmen nicht kontinuierlich. Vielmehr treffen sie auf Schwellen, nach deren Überschreiten das Unternehmen ein anderes geworden ist.

3.6 Evolutionsmodelle

Evolutionsmodelle lehnen sich an die Evolutionslehre und die Systemtheorie an. Aus Sicht der Evolutionslehre gleichen Firmen Lebewesen, die sich allenfalls verändern (Variation) und von denen diejenigen überleben, die sich an die Anforderungen der Umwelt ausreichend angepasst haben (Selektion).

In der Systemtheorie prägen vor allem die Begriffe Ausdifferenzierung und Steigerung der Binnenkomplexität die Entwicklungsperspektive von Organisationen. Ausdifferenzierung meint in diesem Zusammenhang vor allem die zunehmende Spezialisierung und Arbeitsteilung im Hinblick auf eine erfolgreichere Bewältigung der Umweltanforderungen. Die Betonung liegt dabei auf „angemessen". Es kann durchaus Sinn machen, gewisse Umweltanforderungen zu ignorieren, aber nicht alle.

Mit der zunehmenden Ausdifferenzierung eines „Systems" bzw. einer Organisation steigt die Binnenkomplexität, das heißt die Zahl der Elemente, die Vielfalt der Elemente und die Verknüpfungen in einem System. Allerdings ist die Steigerung der Binnenkomplexität kein Wert an sich. Die Binnenkomplexität kann Ausmaße annehmen, die ein System zwingen, sich so intensiv mit sich selbst zu beschäftigen, dass es die Anforderungen seiner Umwelt nicht mehr zu bewältigen vermag. Zudem ist Ausdifferenzierung keine zwingende Entwicklungsrichtung. Systeme können sich auch auf einer bestimmten Stufe der Ausdifferenzierung stabilisieren oder sich sogar zurückentwickeln.

Als erstes Modell ist dasjenige von Mintzberg (1991) zu erwähnen, weil es sozusagen an der Schwelle zwischen den Phasen-Modellen und den Evolutionsmodellen steht. Mintzberg sieht sich selbst in der Konfigurationsschule des strategischen Managements. Grundlage von Mintzbergs Entwicklungsmodell ist sein Organisationsmodell, das sich aus einem operativen Kern, einer Spitze (Leitung), dem mittleren Management, einer Technostruktur, unterstützenden Einheiten sowie der vorherrschenden Ideologie zusammensetzt (vgl. Abschnitt 2.8). Das Gewicht dieser Elemente kann unterschiedlich ausfallen, was mit dem Grad der Zentralisierung von Entscheidungen und den Koordinationsformen der Arbeit innerhalb der Organisation zusammenhängt. Diese Merkmale führen zu sechs Grundtypen oder Konfigurationen der Organisation (vgl. Tabelle 7).

Tabelle 7: Konfigurationen von Organisationen nach Mintzberg (1991)

Konfiguration	Vorherrschende Koordinationsformen und Verteilung Entscheidungsbefugnisse	Wichtigste Komponente
Unternehmerische Organisation	Koordination durch direkte Kontrolle, vertikale und horizontale Zentralisation (viel Kontrolle, enge Definition der Aufgaben)	strategische Spitze
Maschinen-Organisation	Koordination durch Standardisierung der Abläufe, begrenzte horizontale Dezentralisation	Technostruktur
Organisation der Professionals	Koordination durch Standardisierung der Fertigkeiten des Personals, horizontale Dezentralisation (freie Aufgaben)	operativer Kern
Diversifizierte Organisation	Koordination durch Standardisierung der Produkte, begrenzte vertikale Dezentralisation (weniger Kontrolle)	mittleres Linien-management
Innovative Organisation	Koordination durch gegenseitige, individuelle Abstimmung, selektive Dezentralisation (wenig Kontrolle, weite Aufgaben)	unterstützende Einheiten
Missionarische Organisation	Koordination durch gemeinsame Normen und Werte, allgemeine Dezentralisation	Ideologie
Politische Organisation	keine Koordinationsform vorherrschend, politische Prozesse der Macht dominieren, verschiedene Dezentralisationsformen	kein Element bestimmend

Nach Mintzberg beginnt ein Entwicklungszyklus mit einer sogenannten Formationsstufe, in der meistens die Konfiguration der unternehmerischen Organisation vorherrscht. In der anschließenden Entwicklungsstufe kann sie sich zur professionellen Organisation wandeln, wenn die Bedeutung von Fachwissen groß ist. Andere Formen tendieren direkt zur maschinellen oder zu einer missionarischen Organisation, sofern die Ideologie für die betreffende Organisation wichtig ist. In der Reifestufe sind sowohl die diversifizierte Organisation als auch das Weiterbestehen professioneller Organisationen denkbar. Vor allem das Fehlen externer Kontrolle führt schließlich zur rein politischen Organisation und ohne eine Revitalisierung zum Niedergang. Was dieses Modell von den Phasenmodellen unterscheidet, ist die Vorstellung, dass die Abfolge der einzelnen Konfigurationen nicht zwingend vorgegeben ist. Es sind also verschiedene Pfade durch die einzelnen Konfigurationen denkbar (vgl. Abbildung 13).

Entwicklungsmodelle

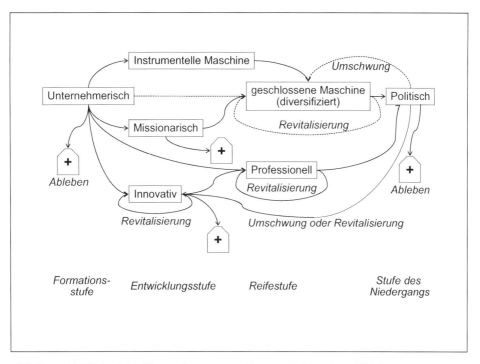

Abbildung 13: Verlauf der Unternehmensentwicklung nach Mintzberg (1991)

Für Mintzberg sind es intrinsische Kräfte einer Organisation, die für den Übergang zu einer neuen Konfiguration am häufigsten verantwortlich sind. Externe Kräfte wie technologischer Wandel, Gesetzgebung oder das Verhalten der Konkurrenten seien seltener dafür verantwortlich. Veränderungen in der Machtverteilung, politische Koalitionen und die Kräfte, die einer Konfiguration zugrunde liegen, treiben also Unternehmensentwicklung voran. Nach diesem Modell wenden sich Organisationen normalerweise zuerst der einen, dann der anderen Konfiguration zu. Sie konzentrieren sich zuerst auf das kontinuierliche Verfolgen einer gegebenen Strategie und stellen dann nach dem Erkennen von neuen Marktanforderungen die Strategie relativ plötzlich um. So kommt es zu einem sprunghaften Wandel, auf den wieder eine Periode der Beharrung folgt. Unternehmensentwicklung ist also gekennzeichnet durch die Abwechslung von Phasen der Kontinuität und der radikalen Transformation. Die Gestaltbarkeit beurteilt Mintzberg differenziert: Selbst wenn er die inneren Faktoren der Unternehmensentwicklung höher gewichtet, ist seiner Ansicht nach die Gestaltbarkeit von Unternehmensentwicklung begrenzt. Einerseits sind die Ergebnisse innerer Auseinandersetzung im Unternehmen nicht vorhersehbar. Andererseits lässt sich die strategische Planung nach Auffassung Mintzbergs nie vollständig in die Realität umsetzen.

Ein weiteres Modell präsentieren Otto et al. (2007) in ihrer Anleitung zum Evolutionsmanagement. Sie teilen die Entwicklung grob in Entstehungsphase, Entwicklungsphase und Sterbe- bzw. Transformationsphase ein. Die Entwicklungsphase differenzieren sie in Teilphasen, die sie Glasl und Lievegoed entlehnt haben. Bei ihnen ist die Entwicklung in der Gestaltung und den Merkmalen weitgehend offen, sie weisen aber darauf hin, dass die mittlere Lebensdauer von Unternehmen in Industrieländern zwischen zwölf und achtzehn Jahren liegt und langlebige Unternehmen selten sind. Langlebige Unternehmen sind jedoch nicht ausgeschlossen und in diesem Sinn ist ihre Modellvorstellung im Ergebnis ebenfalls offen.

Als Faktoren für die Unternehmensentwicklung kommen für Otto et al. sowohl innere Faktoren wie Struktur und Funktion als auch äußere Faktoren in Frage, wie etwa die Dynamik des Umfelds und die verfügbaren Ressourcen in der Umwelt. Innere und äußere Faktoren der Unternehmensentwicklung sind hier gleichwertig. Dagegen überwiegen in diesem Modell die graduellen Veränderungen. Sprünge sind in der Natur selten, aber manchmal kommen viele graduelle Veränderungen zusammen, so dass diese Phasen im Rückblick wie Sprünge aussehen. Die Gestaltbarkeit des Unternehmens ist bei Otto et al. pfadabhängig: Die Möglichkeit von Veränderungen steht in direktem Zusammenhang mit dem vorangegangenen Geschehen. Das Vorangegangene begrenzt und eröffnet mögliche Entwicklungen.

An die Vorstellung von Entwicklungspfaden knüpfen Hutzschenreuter und Wulf (2001) an. Bei ihnen gibt es keine charakteristischen, im Voraus bestimmbaren Phasen der Unternehmensentwicklung mehr. Die Phasen sind individuell, aber es gibt Übergänge von einer Phase zur anderen, bei denen sich das Unternehmen grundlegend verändert. Ausmaß, Richtung und Qualität der Veränderung sind nicht direkt vorgegeben, sondern das Ergebnis der aktuellen Position und des Entwicklungspfads, den das Unternehmen bis zu diesem Zeitpunkt bereits durchlaufen hat. Das ist eine sehr abstrakte Vorstellung, bei der eigentlich nur noch ein Wechsel von Kontinuität und Wandel als Folge der vorangegangenen Entwicklungsschritte übrigbleibt.

Im Hinblick auf die erklärenden Faktoren der Unternehmensentwicklung verfolgen Hutzschenreuter und Wulf ebenfalls eine differenzierte Sichtweise. Bei ihnen beeinflussen die externe Situation (Makro-Umwelt, Branche oder Markt), die interne Situation (Ressourcenausstattung) sowie die Managementsituation (Wissen, Fähigkeiten und Einstellungen der Unternehmensleitung) die konkreten Ausprägungen der Entwicklungsmöglichkeiten eines Unternehmens. Da innere und äußere Faktoren die Unternehmensentwicklung beeinflussen und die Kapazität des Managements sowie Unzulänglichkeiten bei der Umsetzung strategischer Programme die Gestaltungsmöglichkeiten begrenzen, vertritt dieses Modell einen begrenzten Voluntarismus.

Entwicklungsmodelle

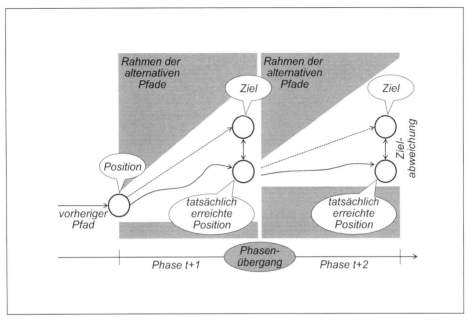

Abbildung 14: Verlauf der Unternehmensentwicklung nach Hutzschenreuter/Wulf (2001)

Ebenfalls entwicklungstheoretisch inspiriert ist der Konfigurationsansatz (vgl. Mugler, 1998), bei dem keine Unterscheidung von Einflussfaktoren (unabhängigen Variablen) und Unternehmenserfolg (abhängigen Variablen) mehr erfolgt, sondern Konfigurationen von bestimmten Merkmalen und deren Weiterentwicklung im Zeitablauf untersucht werden. Die nachfolgenden Konfigurationen ergeben sich aus den vorangehenden, so dass die Unternehmensentwicklung einem Pfad von Konfigurationen folgt.

Evolutionäre Modelle verfolgen einen begrenzten Voluntarismus, der auf der Vorstellung einer Interaktion zwischen Organisation und Umwelt beruht und die aktive Beeinflussung der Unternehmensentwicklung durch Menschen als einen Faktor unter mehreren betrachtet. Sie heißen deswegen auch Adaptationsmodelle, weil sie von einer mehr oder weniger ausgeprägten Anpassung an Umweltbedingungen ausgehen. Es stellt sich die Frage, welche Anpassungsleistungen die Umwelt verlangt und welche Anpassungen dem Unternehmen überhaupt möglich sind.

In der Regel sind die Evolutionsmodelle offen, weil sie kein Ziel und häufig auch keine Entwicklungsrichtung vorgeben, abgesehen von allgemeinen Aussagen wie der zunehmenden Ausdifferenzierung und dem Drang zu überleben. Ähnlich der Entwicklung natürlicher Lebewesen ist ein anderes Ziel der Evolution als das Überleben nicht zu erkennen. Das betrifft besonders die Größe von Organismen. Aus Sicht der Evolutionslehre ist Größe an sich kein zwingender Überlebensvorteil, wie verschiedene ausgestorbene Tierarten zeigen.

Zum Verständnis der Unternehmensentwicklung steuern die Evolutionsmodelle eine aufgeklärte Sicht der Gestaltbarkeit von Unternehmensentwicklung bei, indem sie sie mit der vorangegangenen Entwicklung des Unternehmens erklären (Pfadabhängigkeit). Sie lassen zudem unterschiedliche Formen des Wandels zu und liefern eine zwar abstrakte, aber doch ausführliche Verbindung von Innen- und Außenperspektive.

Zu den Entwicklungsmodellen zählen einzelne Autoren zudem das Konzept der „lernenden Organisation". In der Darstellung von Argyris und Schön (2006) enthält dieses Konzept allerdings einen Forschungsansatz und Empfehlungen für Praktiker. Es ist kein Entwicklungsmodell, das sich direkt mit den anderen Modellen vergleichen lässt, weil es wenig zur zeitlichen Dynamik des Wandels und zu den inneren und äußeren Faktoren aussagt. Es wird daher unter dem Titel Entwicklungskonzepte dargestellt (vgl. Abschnitt 6.6).

3.7 Zusammenfassung: Dynamik und Gestaltbarkeit von Unternehmensentwicklung

Die einzelnen Entwicklungsmodelle stellen verschiedene Verläufe der Unternehmensentwicklung dar und gewichten die treibenden Kräfte unterschiedlich. In gewissen Punkten, besonders bei der Gestaltbarkeit der Unternehmensentwicklung, widersprechen sie sich. Aber in anderen Punkten ist eine gegenseitige Ergänzung denkbar (vgl. Tabelle 8).

Tabelle 8: Beitrag der Entwicklungsmodelle zum Verständnis von Unternehmensentwicklung

Modell	Beitrag zum Verständnis von Unternehmensentwicklung
Ökonomische Modelle	
Schumpeter	Stellenwert und Formen von Innovation in der Unternehmensentwicklung, „ruckartige", disruptive Entwicklungen in der Wirtschaft möglich
Coase	Ökonomische Grenzen bei der Größe von Unternehmen
Porter	Stellenwert der Wettbewerbskräfte als Begrenzung von Entwicklungswegen, Rolle in Clusters und Wirtschaftsräumen
Phasenmodelle	
Prange/Pümpin, Glasl/Lievegoed und Weitere	Äußere Grenzen der Entwicklung (Lebenszyklus von Produkten, Technik), innere Grenzen der Entwicklung (Krisen, Wachstumsprobleme)
	Abfolge von Phasen, Phasenübergänge
	Phasenabhängiger Nutzen von Instrumenten und Organisationskonzepten
	Qualitative und kulturelle Veränderungen von Unternehmen

Evolutionsmodelle	
Evolutionsansatz, Konfigurationsansatz und Weitere	Aufgeklärte Sicht von Gestaltbarkeit: zukünftige Möglichkeiten durch vorangegangene Entwicklung bestimmt (Pfadabhängigkeit)
	Unterschiedliche Formen von Wandel bzw. Abfolge von kontinuierlicher und disruptiver Entwicklung
	Verbindung Innen- und Außensicht

Das gilt vor allem für die ökonomische Theorie. Selbst wenn das Bild des „Entrepreneurs" als alleiniger Beherrscher des Unternehmens nicht mehr zu überzeugen vermag, so gibt die ökonomische Theorie doch den Rahmen vor, in dem sich ein Unternehmen entwickeln kann. Aber sie determiniert die Entwicklung eines Unternehmens nicht. Es besteht genug Raum, diesen Rahmen auf unterschiedliche Weise zu füllen. Die ökonomische Theorie beschreibt den Entwicklungskorridor, in dem sich ein Unternehmen zumindest langfristig bewegen muss, wenn es überleben will. Es mag in Phasen des Wachstums oder der Krise unvermeidlich sein, Verluste anzuhäufen oder ungeeignete Strukturen zu erhalten, auf lange Sicht kann aber kein Unternehmen gegen das Gebot der Wirtschaftlichkeit verstoßen.

Andere Modelle zeigen dagegen eher die inneren Grenzen der Gestaltbarkeit auf: Es sind nicht zuletzt sozialpsychologische Eigenheiten von Organisationen und den Menschen, die in ihnen arbeiten, die den Spielraum unternehmerischen Handelns begrenzen. Aus systemischer Sicht ist es eher angezeigt, in der Theorie der Unternehmensentwicklung die Grenzen möglicher Entwicklung aufzuzeigen, als direkte Aussagen über den Soll-Zustand von Unternehmen zu machen. Die Steuerungsmöglichkeiten im Korridor der ökonomischen und sozialen Realitäten lassen sich abschließend mit Hilfe der drei inhaltlichen Merkmale von Entwicklungsmodellen darstellen:

1. **Gestaltbarkeit:** Eine allgemeingültige positive Aussage zur Gestaltbarkeit zu machen, ist wie bereits erwähnt nicht möglich. Aber die Grenzen der Gestaltbarkeit sind nachzuzeichnen. Sie berücksichtigen einerseits die begrenzte Veränderbarkeit des Systems (Eigenbegrenzung) und andererseits die durch die Möglichkeiten der Umwelt (Fremdbegrenzung) vorgegebenen Pfade. Die Fremdbegrenzung ist abhängig vom ökonomischen Wachstumskorridor sowie von den konkreten Eigenheiten der Umwelt des Unternehmens. Bei der Eigenbegrenzung sind die bestimmenden Faktoren die Vorgeschichte des Unternehmens (Pfadabhängigkeit), seine aktuelle Ressourcenausstattung und nicht zuletzt die Wahrnehmungs- und Umsetzungskapazität der Akteure. Die Handlungen von Unternehmensleitungen sind nicht wirkungslos, sie werden aber von anderen Faktoren begrenzt und überlagert. Daher ist von einem „gemäßigten Voluntarismus" (Müller-Stewens/Lechner, 2005) die Rede, der die Vorstellung einer vollständigen Machbarkeit abgelöst hat. Mintzberg (1991) hat in diesem Zusammenhang darauf hingewiesen, dass selbst eine perfekte Strategie in der Umsetzung scheitern kann. Die Steuerung eines Unternehmens beinhaltet letztlich ein Informationsproblem, das nicht vollständig zu lösen ist: Eine Unternehmensleitung kann nie alle Entwicklungen in der Zukunft und die Reaktionen der Betroffenen voraussehen.

2. **Gewicht innerer und äußerer Faktoren:** Die Diskussion der Gestaltbarkeit zeigt bereits, in welche Richtung die Antwort auf diese Frage geht. Es gibt keine eindeutige Rangfolge. Veränderungen in der Umwelt eines Unternehmens mögen Entwicklung auslösen, seien es zum Beispiel Änderungen in der verfügbaren Technik, in der Wettbewerbssituation oder in den Konsumgewohnheiten. Daneben unterliegt das Unternehmen einer Eigenbewegung, die seine Möglichkeiten einer Anpassung beeinflusst. In einer systemischen Sicht ist nun die Fähigkeit des Unternehmens notwendig, diese Entwicklungen wahrzunehmen und in eine angemessene Änderung der Eigenentwicklung zu übersetzen. Im Idealfall treffen äußere Veränderungen auf eine innere Bereitschaft, diese Veränderungen anzunehmen. Diese Übersetzungsleistung von Umweltveränderungen in eine geeignete betriebsinterne Anpassung ist ein Merkmal **lernfähiger Unternehmen** (vgl. Abschnitt 5.2), und Lernfähigkeit ist eine Voraussetzung für Wettbewerbsfähigkeit.

3. **Veränderungsdynamik:** Viele Modelle gehen von einer stufenweisen, „disruptiven" oder „ruckartigen" Entwicklung aus, wie es seinerzeit Schumpeter bezeichnet hatte. Andere Autoren unterstützen eher das Bild einer kontinuierlichen Entwicklung. Dem Geschäftsalltag am nächsten kommt wohl ein Standpunkt, dem zufolge sich Abschnitte kontinuierlicher Entwicklung mit disruptiven Veränderungen ablösen. Es ist denkbar, dass Unternehmen über längere Zeit eine kontinuierliche Entwicklung durchlaufen. Aber in der neueren Wirtschaftsgeschichte ist disruptiver Wandel häufig zu beobachten, unabhängig davon, welche Faktoren ihn auslösten. Ein Unternehmen hat mit disruptivem Wandel zu rechnen und ihn in gewissen Fällen sogar anzustreben.

Unternehmensentwicklung gestalten

4. Gründe für Unternehmensentwicklung erkennen

In dynamischen Wettbewerbswirtschaften müssen Unternehmen ihr Dasein durch Anpassung an eine sich ändernde Umwelt immer wieder neu rechtfertigen. Das gilt mit Einschränkungen auch für Non-Profit-Organisationen, deren Umfeld ebenfalls Veränderungen unterworfen ist. Deswegen ist eine geplante Unternehmensentwicklung notwendig, selbst wenn der beabsichtigte mit dem letztendlich eingeschlagenen Entwicklungspfad nicht zwingend übereinstimmen muss. Die Zeiten eines zufälligen Wandels sind jedenfalls vorbei, die Entwicklung eines Unternehmens setzt Umsicht und Eigeninitiative der Verantwortlichen voraus.

4.1 Plädoyer für eine differenzierte Betrachtung

Zweifellos können Unternehmen über längere Zeiträume ohne nennenswerte Veränderungen gedeihen. In diesem Fall ist es nicht angezeigt, Neuheiten um jeden Preis einführen zu wollen. Eine Organisation braucht ein gewisses Maß an Stabilität. Allerdings treten Situationen auf, in denen Bedarf an einer gezielten Intervention in die Unternehmensentwicklung besteht:

- Erstens wird in einer **Wachstumsphase,** bei der Lancierung von neuen Produkten oder bei der Erschließung neuer Märkte, die kontinuierliche Verbesserung der Prozesse und selbst der Produkte zu einer Daueraufgabe. Die schrittweise Anpassung des Produkts an die Bedürfnisse der Kundschaft gehört zur erfolgreichen Bearbeitung eines Geschäftsfelds. Daneben machen sich Lerneffekte bemerkbar (Erfahrungskurve), deren Rationalisierungspotenzial ausgeschöpft werden soll. Für junge Unternehmen (Start-ups) ist die fortlaufende Entwicklung eine existenzielle Frage (vgl. Butler, 2006).

- Zweitens kann die **Umwelt größere Veränderungen** erfahren, die sprunghaft und unvorhersehbar auftreten. Derartige „Diskontinuitäten" erfordern eine grundlegende Neuorientierung des Unternehmens – bis hin zur Aufgabe ganzer Geschäftsfelder. Beispiele sind die Einführung neuer Technologien, die Veränderung der Nachfrage, Änderungen in den gesetzlichen Rahmenbedingungen oder das Auftreten eines mächtigen Mitbewerbers. Alle diese äußeren Gründe lassen sich nicht mehr mit schrittweisen („inkrementalen") Verbesserungen auffangen. Dieser Logik folgt zum Beispiel das Phasenmodell von Pümpin und Prange (1991).

- Drittens kann sich selbst in einer **stabilen Umwelt** ein Zwang zur Veränderung ergeben, wenn das Unternehmen aus inneren Gründen seine Leistungsfähigkeit verliert. Beispiele für diese Entwicklung sind eine Erstarrung durch bürokratische Routine, eine hohe Personalfluktuation, mangelnde Beherrschung der Technologie – oder aber der Austritt von Schlüsselpersonen aus der Leitung kleinerer Unternehmen.

Die kontinuierliche Verbesserung von Produkten und Prozessen bildet das „Tagesgeschäft" der Unternehmensentwicklung. Die zweite und die dritte Situation gehen mit einer grundlegenden Neuorientierung des Unternehmens einher und erfordern eine vertiefte Auseinandersetzung.

4.2 Frühaufklärung für die Unternehmensentwicklung

Für einen geplanten Prozess ist es entscheidend, den Entwicklungsbedarf frühzeitig zu erkennen, damit der Organisation genügend Zeit für eine angemessene Reaktion bleibt (Fink/Schlake/Siebe, 2001 und Felfe/Liepmann, 2008). Der Sinn einer Frühaufklärung besteht allerdings nicht nur darin, eine rechtzeitige Anpassung zu ermöglichen. Das wäre eine zu defensive Haltung. Vielmehr liefert die Frühaufklärung den Anstoß für eine vorsorgliche Neuausrichtung des Unternehmens und für die aktive Zukunftsgestaltung. Mintzberg (1991) geht sogar noch einen Schritt weiter: Für ihn bedeutet das Management von Unternehmensentwicklung weniger, den Wandel aktiv zu fördern, als vielmehr zu erkennen, wann er notwendig ist. Jedenfalls ist die Frühaufklärung Bestandteil eines Lernprozesses, und ihr Stellenwert liefert selbst einen Hinweis auf die Veränderungsbereitschaft einer Organisation. Es gibt Organisationen, die eine Frühaufklärung vernachlässigen. Andere Organisationen pflegen umfangreiche Systeme, und wieder andere begnügen sich mit einer intuitiven Annäherung.

Im Zusammenhang mit der Frühaufklärung kommt immer wieder das Thema der schwachen Signale und des diskontinuierlichen Wandels zur Sprache: Das Wesen des diskontinuierlichen Wandels besteht darin, dass er innerhalb kurzer Zeit zu einer deutlichen Verschiebung der Verhältnisse und zu ganz neuartigen Phänomenen führt. Ein Beispiel für eine auffällige Diskontinuität, die selbst viele Fachleute überraschte, ist der Zusammenbruch der kommunistischen Regimes in Osteuropa im Jahr 1989. Dieser Bruch hatte für die Volkswirtschaften der europäischen Länder spürbare Folgen. Schwache Signale gehen diesen Diskontinuitäten voraus, ohne dass sie das Ausmaß der kommenden Veränderung direkt anzeigen.

Folgende Konstellationen können als schwache Signale für künftige Diskontinuitäten gelten:

- Wichtige **Kenngrößen** überschreiten bestimmte **Schwellenwerte;** eine stetige Entwicklung wird dadurch unterbrochen (Beispiel: rasant steigende Energiepreise mit entsprechenden Effekten bei den Nachfragern).
- **Bestimmte Spielregeln** am Markt oder in einer Gruppe werden durch neue **ersetzt,** wobei der Übergang nicht reibungslos verläuft (Beispiel: Reformen im Gesundheitswesen).
- Eine Problemsituation erzeugt **Ratlosigkeit und Verwirrung.** Es folgt Kontrollverlust durch Zweifel und mangelndes Verständnis (Beispiel: Finanzmärkte).

Diskontinuitäten und Brüche sind allerdings nicht nur auf die Umwelt eines Unternehmens beschränkt. Innerhalb einer Organisation können sich ebenfalls Brüche ergeben. Konflikte brechen auf, Projekte scheitern unerklärlicherweise an Kommunikationspannen oder die Produktion gerät plötzlich ins Stocken. Das sind alles Beispiele für derartige Phänomene. Eine umfassende Frühaufklärung richtet sich daher nach innen und nach außen. Die Innensicht mag dabei den Aspekt der Risikovermeidung stärker betonen. Aus Sicht der Unternehmensentwicklung ist es jedoch wichtig, den proaktiven Aspekt der Frühaufklärung hervorzuheben: Das frühzeitige Erkennen von Chancen und das Besetzen entsprechender Erfolgspositionen ist für das langfristige Bestehen des Unternehmens genauso wichtig wie das Vermeiden von Gefahren. Daher ist hier immer von Frühaufklärung und nicht von Frühwarnung die Rede.

> **Strategische Frühaufklärung:**
>
> **Nutzen:**
>
> - Zeitgewinn für angemessene Reaktion
> - Rechtfertigung bzw. Einstimmung der Organisation auf Veränderungen
>
> **Perspektiven:** Veränderungen auf den Märkten und innerhalb der Organisation
>
> **Prozessschritte:**
>
> 1. Ortung und Erfassung der Signale
> 2. Analyse und Interpretation (mit Gewichtung bzw. Beurteilung)
> 3. Formulierung von Reaktionen

Die Erkennung von Veränderungen in der Umwelt eines Unternehmens gehört zum strategischen Management. Und häufig liefert die strategische Frühaufklärung den Anstoß für eine Überarbeitung oder sogar Neuformulierung der Strategie. Die Ergebnisse der Frühaufklärung dienen noch einem anderen Zweck: Sie bilden die Grundlage, um anstehende Veränderungen gegenüber der Organisation zu begründen (vgl. Abschnitt 8.6). Ohne eine Einsicht in die Notwendigkeit fehlt Veränderungsprozessen die Unterstützung der Angehörigen eines Unternehmens.

4.3 Äußere Gründe der Unternehmensentwicklung und ihre Erfassung

Die äußeren Gründe für eine gezielte Unternehmensentwicklung lassen sich grob in zwei Gruppen einteilen: Veränderungen im äußeren Umfeld des Unternehmens, also in der Wirtschaft, in der Gesellschaft oder in der Politik, sowie Veränderungen in der Zusammensetzung und im Verhalten der Anspruchsgruppen.

Tabelle 9: Äußere Gründe für Unternehmensentwicklung

Veränderungen in Gesellschaft, Wirtschaft, Technologie und Natur	Verschiebungen bei den Anspruchsgruppen
■ Neue Konsumgewohnheiten bzw. neues Sozialverhalten ■ Bevölkerungsentwicklung ■ Allgemeine Wirtschaftslage (Konjunktur) ■ Neue Technologien (Produktlebenszyklus) ■ Neue Basistechnologien ■ Naturereignisse (Katastrophen, Unwetter)	■ Veränderung der Kunden- oder Lieferantenstruktur ■ Nachfrageveränderungen ■ Neue Konkurrenten ■ Geänderte Bedingungen beim Bezug von Ressourcen oder in der Kapitalbeschaffung ■ Änderung von staatlichen Auflagen

In der Sphäre von Gesellschaft, Wirtschaft, Technologie und Natur finden Veränderungen statt, die Unternehmen mitunter zu einer radikalen Umgestaltung ihrer Geschäftstätigkeit zwingen. Einzelne Ereignisse wie etwa die Erdölkrise 1974/75 oder die Terrorangriffe von 2001 haben verschiedene Branchen ohne Vorwarnung tief getroffen. Selbst weniger dramatische Veränderungen in der Gesellschaft, wie etwa die Vereinzelung oder die Vielfalt von familiären Lebensformen, führen zu Verschiebungen in der Nachfrage nach bestimmten Produkten.

Besondere Beachtung verdienen in diesem Zusammenhang die sogenannten Basistechnologien, weil sie sich nahezu auf die gesamte Volkswirtschaft auswirken. Nach der Theorie des russischen Ökonomen Nikolai D. Kondratjew (1892–1938) war jeder Abschnitt des wirtschaftlichen Wachstums in Europa seit der Frühindustrialisierung mit dem Erscheinen einer neuen Basistechnologie verbunden. In den Wirtschaftswissenschaften gilt die Mikroelektronik als Paradebeispiel einer Basistechnologie, die ab etwa 1960 über die Automatisierung die Arbeitsprozesse in vielen Wirtschaftszweigen und zahlreiche Produkte grundlegend verändert hatte. Ein Fall mit dramatischen Effekten ist der Buchdruck, wo Computer-Setzmaschinen ehemals hoch angesehene Berufsgattungen im Zeitraum von wenigen Jahren zum Verschwinden gebracht haben. Ein anderes Beispiel aus der Zeit der Hochindustrialisierung im 19. Jahrhundert ist die Verdrängung des Holzbaus durch Stahl und Eisen in Industrie und Gewerbe.

Die beiden Fälle zeigen, wie Basistechnologien zur Umgestaltung von Wertschöpfungsketten führen, was wiederum die Daseinsberechtigung vieler Unternehmen in Frage gestellt hat. Mit

Ausnahme von Einzelereignissen entstehen gesellschaftliche Verschiebungen nicht über Nacht. Aufgabe der Unternehmensentwicklung ist es, in einem Unternehmen die Wahrnehmung von gesellschaftlichen Trends zu fördern. Denn für Unternehmen bedeuten Trends nicht nur ein Risiko, sondern auch eine Chance.

Nach Pümpin und Prange (1991) unterliegen Technologien und Produkte einem bestimmten Lebenszyklus. Produkte währen nicht ewig. Sie werden von Konkurrenzprodukten bedrängt, die zum Beispiel dank einer neuen Technologie günstiger sind oder mehr Nutzen versprechen. Alle Unternehmen müssen vor Beginn einer neuen Produktlinie deren wahrscheinliches Ende berücksichtigen. In vielen Zweigen des Dienstleistungssektors hängt der Lebenszyklus der Produkte von Moden und der „Karriere" einzelner Themen ab. Die Beendigung von alten Produktlinien und die Planung der Ablösung sind eine der zentralen Aufgaben des Innovationsmanagements.

Bei den Anspruchsgruppen ist die Vielfalt möglicher Veränderungen kaum geringer: In erster Linie können neue staatliche Vorschriften eine Branche stark beeinflussen. So führen etwa strengere Umwelt- oder Sicherheitsvorschriften zu neuen Verfahren oder zu neuen Produkten. Durch den Wegfall oder das Hinzutreten von Schlüsselkunden, in Einzelfällen auch durch Veränderungen bei den Lieferanten, sind vor allem kleinere Unternehmen gezwungen, ihre Verfahren oder Produkte zu ändern. Ein heikler Fall sind Veränderungen in der Zusammensetzung der Geldgeber bzw. Kapitaleigner. Börsenkotierte Unternehmen sehen sich hier oft mit unangenehmen Überraschungen konfrontiert und müssen in ihrer Planung entsprechend vorsorgen. Außerdem kann ein mächtiger Mitbewerber, der neu in die Branche eintritt oder aus einer Fusion zweier kleinerer Unternehmen entsteht, die Spielregeln im Markt grundlegend verändern und alle verbleibenden Unternehmen über kurz oder lang zu einer Anpassung ihrer Strategie zwingen.

Issue Management (Beobachten von Themen) oder Trendmonitoring heißen die bekanntesten Instrumente einer nach außen gerichteten Frühaufklärung. Gemeinsam ist ihnen die fortlaufende Beobachtung des Umfelds über eine bestimmte Zeitspanne und eine relativ breite Sicht der erfassten Phänomene. Zuweilen ist sogar das ungerichtete Abtasten des Umfelds eines Unternehmens angezeigt, weil sich neuartige Entwicklungen nicht unbedingt an ein Kriterienraster halten. Wer hier seine Sicht zu stark auf eine vordefinierte Themenlandschaft einschränkt, verpasst womöglich wichtige Signale. Dennoch lässt sich die Beobachtung des Umfelds grob gliedern: Frühaufklärungssysteme können sich auf gesellschaftliche Entwicklungen, auf Branchentrends bzw. einzelne Märkte oder auf die Anspruchsgruppen eines Unternehmens beziehen. Die Beobachtung von Issues und Trends liefert die Grundlage für die Ermittlung von Chancen und Risiken des betreffenden Unternehmens.

Ausgefeilte Instrumente der Frühaufklärung erfordern größeren Aufwand und stehen daher vorwiegend großen Unternehmen zur Verfügung. Kleinere Unternehmen können ihr Umfeld systematisch und fortlaufend beobachten, indem sie beispielsweise Branchenstudien oder Fachpublikationen gezielt auswerten (sogenannte Sekundäranalyse). Der Besuch von Fachmessen und die Nachbereitung von Geschäftskontakten liefern zusätzliche Hinweise für kommende Veränderungen.

> **Trends (vgl. Buck/Herrmann/Lubkowitz, 1998)**
>
> **Formen von Trends:**
>
> - Dauer: Langfristige Veränderung versus kurzfristige Mode
> - Wirkungsbreite: Konzentriert (betrifft nur Teilgruppen) versus breitenwirksam (betrifft alle)
>
> **Analyseebenen von Trends:**
>
> - Objektiv: sachlich, rational, statistisch begründbar, subjektunabhängig
> - Subjektiv: Nutzen, Sinn, Erwartungen der Zielgruppen, Werte
> - Ästhetik: Stile, Moden, Verbindung von objektiven und subjektiven Aspekten
>
> **Verwertung:** Ermitteln von Chancen und Risiken, Anstoß für die Formulierung von Strategien und Entwicklungsprogrammen

4.4 Innere Gründe der Unternehmensentwicklung und ihre Erfassung

Ein Unternehmen als autonomes System weist ein Eigenleben auf, das selbst bei gleich bleibenden Umweltbedingungen zu Brüchen im Organisationsgefüge führen kann. Einzelne Entwicklungsmodelle ordnen dem Ende jeder Entwicklungsphase eines Unternehmens bestimmte Krisensituationen zu, so etwa die Kontrollkrise, die Wachstumskrise oder die Bürokratiekrise (vgl. Kapitel 3). Auf die Betrachtung von Krisen in einzelnen Entwicklungsphasen wird hier bewusst verzichtet, zugunsten einer allgemeinen Darstellung innerer Gründe für eine aktive Unternehmensentwicklung (vgl. Tabelle 10). Im jeweiligen Einzelfall ist ohnehin eine differenzierte Diagnose erforderlich, die die Vorgeschichte mit einschließt.

Im Teilsystem der Strategie liegen die Gründe für eine stetige Arbeit an der Unternehmensentwicklung. Zum einen erfordert das Dasein eines Unternehmens eine fortgesetzte Rechtfertigung (Legitimation). Sie wird über den Markt oder bei öffentlichen Betrieben über einzelne Anspruchsgruppen geleistet. Die Rechtfertigung oder der Daseinszweck eines Unternehmens müssen aber von der Leitung immer wieder gegenüber allen Angehörigen des Betriebs kommuniziert werden. Im St. Galler Management-Modell entspricht das dem normativen Management (Rüegg-Stürm, 2003). Wenn die Einsicht in den Daseinszweck fehlt, entsteht eine Legitimationskrise, die sich in den anderen Dimensionen eines Unternehmens bemerkbar macht und Maßnahmen erfordert, die allerdings selten zu einem raschen Erfolg führen. Zum anderen sind eine Überprüfung und Anpassung der Strategie selbst bei Märkten ohne Diskontinuitäten zwingend notwendig. Früher getroffene Entscheidungen können sich zum Beispiel als Fehler erweisen, die Maßnahmen zur Entwicklung in eine neue Richtung erfordern.

Tabelle 10: Innere Gründe für Unternehmensentwicklung

Teilsystem	Innere Gründe für Unternehmensentwicklung (Beispiele)
Strategie	■ Aufrechterhaltung der Legitimation ■ Überwindung von Legitimationskrisen ■ Strategieanpassung und Korrektur von Fehlentscheidungen
Kultur	■ Erstarrung in einer nicht mehr angemessenen „alten Kultur" ■ Konflikte zwischen unterschiedlichen Subkulturen, Abbau einer Misstrauenskultur ■ Aufbau einer Lern- und Innovationskultur
Strukturen	■ Verlust der Leistungsfähigkeit, Gefährdung des Austauschs mit der Außenwelt ■ Unangemessene Systeme und Strukturen ■ Träge oder umständliche Prozesse (Qualitäts-, Zeit- oder Kostenprobleme)

Im Teilsystem der Kultur gibt es vor allem Konfliktsituationen, die aktive Maßnahmen der Unternehmensentwicklung notwendig machen. Erstens kann das Unternehmen in einer alten oder unangemessenen Kultur verharren. Das lässt sich mit den Wachstumsmodellen gut illustrieren. Wenn etwa ein großes Unternehmen die Pionierkultur aus den Anfangstagen pflegt, bei der die Unternehmensleitung noch immer alle Entscheidungen selber treffen will, dann ist es berechtigt, von einer Kulturkrise zu sprechen.

Eine zweite Krisensituation sind Konflikte zwischen verschiedenen Subkulturen im Unternehmen. Das ist der Fall, wenn sich zum Beispiel Angehörige aus unterschiedlichen Fachbereichen oder Unternehmenszweigen um die „richtige Sicht der Dinge" streiten und dabei das Gesamtziel aus den Augen verlieren. Mintzberg weist in seinem Entwicklungsmodell auf extrem politisierte Organisationen hin, bei denen Macht- und Flügelkämpfe die Leistung der Gesamtorganisation stark beeinträchtigen (vgl. Abschnitt 3.6). Eine dritte Art von Krise in der Dimension Kultur ist für den Fortbestand eines Unternehmens äußerst heikel: Wenn ein Unternehmen die Lernfähigkeit verliert, dann ist das vor allem in den Werthaltungen, also in der Unternehmenskultur, begründet. Wer glaubt, ohnehin schon an der Spitze zu sein, und dabei den Markt oder seine Anspruchsgruppen aus den Augen verliert, verliert auch seine Lernfähigkeit, weil der Wille zum Lernen fehlt.

Im Teilsystem Strukturen gibt es zwei zentrale Gründe für eine aktive Unternehmensentwicklung: Der eine ist die Verkrustung, der andere ist in Anlehnung an Doppler und Lauterburg (2005) mit „Überkomplexität" zu bezeichnen. Viele Organisationen neigen auf lange Sicht zu einer gewissen „Verfettung" oder „Verkrustung". Der Publizist Cyril Parkinson hat diesen Effekt in den frühen zwanziger Jahren des vergangenen Jahrhunderts bei der britischen Marineverwaltung beobachtet, die begonnen hat, sich zunehmend mit sich selbst zu befassen. Ob der Effekt der Verkrustung in jeder Organisation zwingend auftritt, muss hier unbeantwortet bleiben. Unbestritten sind aber die Gefahr dieses Effekts und die Notwendigkeit, aktiv gegenzusteuern. Das Konzept des Business Process Reengineering (vgl. Abschnitt 6.3) bezieht sich ausdrücklich auf diesen Effekt.

Auf der anderen Seite führen unangemessene Systeme oder unbeherrschbare Technik zu einer Überkomplexität, die nicht zwingend mit einer Veränderung in der Umwelt zusammenhängt. Fehlentscheidungen, mangelnde Lernbereitschaft oder ungenügende Vorbereitung können selbst bei bekannter Technologie eine rasche und radikale Veränderung erfordern. Bei Strukturen und Prozessen mögen die Gründe für eine aktive Unternehmensentwicklung deutlicher hervortreten als bei der Strategie oder der Kultur. Zunächst gilt es, Lerneffekte auszuschöpfen, was eine kontinuierliche Intervention in einzelne Prozesse erfordert. Wenn anhaltende Kosten-, Zeit- oder Qualitätsprobleme auftreten, entstehen Krisensituationen, die einen tiefgreifenden Wandel erfordern. Derartige Krisensituationen sind für Wachstumsphasen typisch, wenn die Fähigkeiten eines Unternehmens mit dem Wachstum nicht mehr Schritt zu halten vermögen.

Neben der allgemeinen Leistungsfähigkeit, die an den Unternehmenszielen zu messen ist, sind die Veränderungsfähigkeit und die Veränderungsbereitschaft zentrale Themen einer nach innen gerichteten Frühaufklärung.

Organisationsdiagnose (vgl. Felfe/Liepmann, 2008 und Büssing, 2007)

Ziele:

- Begründung und Vorbereitung von Interventionen sowie Veränderungsbedarf ermitteln
- Mitarbeitende am Veränderungsprozess beteiligen und einbinden
- Evaluation von durchgeführten Maßnahmen

Ansätze:

1. Strukturdiagnostik: Vergleich von Organisationsstrukturen etc.
2. Prozessdiagnostik: Veränderungen in Organisationen, Interaktionen und Kommunikation sowie Verknüpfung von Struktur, situativen Bedingungen und Erleben sowie Verhalten
3. Integrative Ansätze: durch Integration von Struktur und Prozess gemäß Ansätzen 1. und 2. sowie der verschiedenen Analyseebenen in der Organisation (d.h. Individuum, Gruppe, Abteilung, Gesamtorganisation)

Analyse-Ebenen:

- Individuum/Arbeitsplatz
- Gruppen/Abteilungen
- Gesamtorganisation (und Umfeld wie Branche, Gesamtwirtschaft)

Veränderungsfähigkeit und Veränderungsbereitschaft, verdeckte Prozesse und Kommunikation, kurz der Bereich der Werte und des Verhaltens sind Themen der psychologisch orientierten Organisationsdiagnose (vgl. Felfe/Liepmann, 2008 und Büssing, 2007). Sie beschäftigt sich mit der systematischen Erfassung, Analyse und Darstellung regelhaft zu registrierenden

Verhaltens und Erlebens der Organisationsmitglieder. Frühaufklärung und die Einleitung von Veränderungsprozessen sind ein wesentliches Gebiet der Organisationsdiagnose. Sie beruht auf sozialwissenschaftlichen Methoden, wie zum Beispiel Interviews, schriftlichen Umfragen oder Beobachtung des Verhaltens einzelner Akteure. Die Diagnose kann sich dabei auf unterschiedliche Ebenen beziehen, auf einzelne Individuen, auf Gruppen oder auf die gesamte Organisation. Sie kann Organisationsstrukturen, Interaktion und Kommunikation oder Werte und Erleben zum Gegenstand haben.

Organisationsdiagnosen kennen unterschiedliche Stufen bezüglich Genauigkeit und Aufwand. Neben der sozialwissenschaftlichen Studie mit hohem Anspruch an Genauigkeit bestehen Checklisten, die eine erste Abschätzung der Veränderungsbereitschaft oder eine Standortbestimmung für die Organisation als Ganzes anbieten.

Zur Beobachtung der Leistungsfähigkeit von Unternehmen stellt die Betriebswirtschaftslehre eine Reihe von Instrumenten bereit. Nebst finanzwirtschaftlichen Informationen liefern Kennzahlensysteme wie die „Balanced Scorecard" umfassende Informationen zu sogenannten Vorsteuergrößen, die den Unternehmenserfolg indirekt und mittelfristig beeinflussen. Ferner befassen sich strategische Instrumente der Unternehmensanalyse ebenfalls mit dem inneren Zustand und der Leistungsfähigkeit des Unternehmens. Die Wahl der verschiedenen Instrumente und der Datengrundlagen richtet sich nach der verfügbaren Zeit sowie der Überschaubarkeit und den Mitteln des Unternehmens. Idealerweise kombiniert eine Frühaufklärung verschiedene Quellen und Typen von Informationen.

4.5 Zusammenfassung

Die Diskussion der Entwicklungsmodelle (Kapitel 3) hat gezeigt, dass es zwischen inneren und äußeren Faktoren der Unternehmensentwicklung keine eindeutige Unterscheidung geben kann. Bei der Betrachtung von Unternehmensentwicklung als geplantem Prozess ist dagegen die Reihenfolge eindeutig, da Organisationen ihre Daseinsberechtigung aus dem Nutzen ableiten, den sie für ihre Anspruchsgruppen stiften. Die Veränderungen in der Umwelt stehen an erster Stelle als Auslöser für einen weiteren geplanten Entwicklungsschritt. Die ausschließliche Sicht auf die Umwelt wäre jedoch genauso einseitig wie die Beschränkung auf Prozesse und Strukturen eines Unternehmens. Wegen des Eigenlebens (Autonomie), das Unternehmen führen, gibt es innere Gründe, die auch ohne Veränderungen in der Umwelt eine geplante Entwicklung erfordern. Kulturkrisen, überholte Prozesse und Strukturen sowie eine Tendenz zur „Verkrustung" gehören in diese Kategorie.

Ist der Veränderungsbedarf einmal erkannt, sind die Erkenntnisse der Frühaufklärung zu konsolidieren und in geeignete Maßnahmen zu überführen. Es ist zweitrangig, ob die Ergebnisse der Frühaufklärung in eine kontinuierliche Langfristplanung, in einen Businessplan (vgl. Abschnitt 10.4) oder in stufenweise Entwicklungsplanung münden, die in gewissen

Zeitabständen bestimmte Entwicklungsprogramme (vgl. Abschnitt 8.8) auslöst. Entscheidend ist vielmehr die konsequente Reaktion auf die Erkenntnisse der Frühaufklärung und die Dokumentation der Maßnahmen. Es gibt viele Planungsinstrumente, im unternehmerischen Alltag zählt vor allem ihre konsequente Anwendung. Zwei Grundanforderungen sollten die Planungsinstrumente aber genügen (vgl. Röhrle, 1990): Sie müssen erstens strategische Ziele mit greifbaren Maßnahmen verbinden und zweitens nebst der Sachebene darüber hinaus die sozial-emotionalen Aspekte der Organisationsgestaltung und der Personalentwicklung berücksichtigen.

5. Ziele der Unternehmensentwicklung

5.1 Stellung von Entwicklungszielen

Verschiedene Entwicklungsmodelle sind im Ergebnis offen (vgl. Kapitel 3). Aber als geplante Beeinflussung des Unternehmens, selbst wenn deren Ergebnisse nicht vollständig kontrollierbar sind, braucht Unternehmensentwicklung Ziele. Denn Entwicklung ist kein Ziel an sich. Entwicklung zu ermöglichen, kann allerdings bereits ein Ziel sein. Wie auch immer: Unternehmensentwicklung als aktiv beeinflusster Prozess bedingt Vorstellungen darüber, wie das Unternehmen auf lange Sicht oder am Ende einer Entwicklungsphase aussehen soll. Es sind langfristige Ziele, sogenannte Entwicklungsziele, die im Gegensatz zu Geschäfts- oder Marktzielen die Richtung von Veränderungen sowie die grundlegenden Merkmale eines Unternehmens beschreiben. Sie sind Gegenstand des normativen und strategischen Managements. Ihre Umsetzung muss sich allerdings im operativen Geschäft auswirken.

5.2 Langfristiger Nutzen als Ziel

Unternehmensentwicklung kann mit einer Steigerung der Unternehmensgröße und mit Umsatzwachstum in Verbindung gebracht werden. Indessen ist Wachstum ebenso wenig wie Entwicklung ein Wert an sich. Größe ist kein eigenständiges Ziel der Unternehmensentwicklung, wie schon das Verhältnis zwischen Umsatz und Gewinn verdeutlicht. Häufig gilt die stillschweigende Annahme, mehr Umsatz bedeute einen höheren Gewinn. Das mag für Produkte auf der Höhe ihres Lebenszyklus stimmen, es ist aber nicht zwingend so. Es stellt sich zudem die Frage des Zeithorizonts. Ein Größenwachstum kann kurzfristig wirtschaftlichen

Erfolg bringen. Es ist jedoch genau zu klären, wie viel Wert es auf lange Sicht erzeugt (vgl. Raisch/Probst/Gomez, 2007).

Evolutionäre Entwicklungsmodelle (vgl. Abschnitt 3.6) übertragen zudem die Frage der optimalen Größe von Lebewesen auf die Wachstumsziele von Unternehmen. Die Frage der idealen Betriebsgröße ist schwierig zu ermitteln, weil sie von vielen Faktoren beeinflusst wird und sich wahrscheinlich nur im Einzelfall situativ beantworten lässt. Es gibt jedoch ökonomische und natürliche Grenzen des Wachstums. Hinweise zu den ökonomischen Grenzen liefert beispielsweise die Theorie von Coase, die auf das Verhältnis zwischen externen Transaktionskosten und den Kosten interner Koordination abstellt: Wenn die Kosten der internen Koordination so hoch sind, dass es vorteilhafter wird, bestimmte Leistungen nicht mehr intern zu erzeugen, sondern auf dem Markt einzukaufen, dann sind ökonomische Grenzen erreicht (vgl. Abschnitt 3.2). Weitere Grenzen ergeben sich durch die Betrachtung des Unternehmenswerts: Hinterhuber (2004) führt aus, dass die Eigenkapitalrendite nicht unter den Kapitalkostensatz fallen dürfe, sonst finde keine Steigerung des Unternehmenswerts mehr statt, sondern eine Wertvernichtung. Zusätzlich zu den ökonomischen Grenzen bestehen natürliche Grenzen, die zum Beispiel durch die Verfügbarkeit von Rohstoffen oder Landflächen oder durch die Kapazität in der Aufnahme von Schadstoffen bestimmt sind.

Schließlich können Situationen entstehen, in denen nicht Wachstum, sondern Schrumpfung oder der Rückzug aus einzelnen Geschäftsbereichen angezeigt sind, etwa um die Stabilität des gesamten Unternehmens zu erhalten oder um Handlungsfähigkeit zu gewinnen. Es gibt daher zahlreiche Fachleute, die eine einseitige Fixierung auf das Wachstum in der Größe für problematisch halten (z. B. Bleicher, 2004; Otto et al., 2007; Röhrle, 1990; Weissenberger-Eibl, 2003). Sie schlagen vielmehr ein Bündel von Zielen vor:

- Unternehmensentwicklung soll den **Nutzen für die Anspruchsgruppen** steigern. Je nachdem welche der Anspruchgruppen mehr Gewicht erhalten, sind unterschiedliche Richtungen der Unternehmensentwicklung möglich. Eine wertorientierte Entwicklung zielt auf die Steigerung des Unternehmenswerts im Sinne der Kapitalgeber ab, eine nutzenorientierte Entwicklung auf Vorteile für Kundschaft und Mitarbeitende (vgl. Schlick 1998). Eine einseitige Orientierung kann sich jedoch nachteilig auf die Balance aller Interessen auswirken. Ein Unternehmen sollte seine Geschäftstätigkeit an der Zufriedenheit aller seiner Anspruchsgruppen messen lassen (Eickhoff, 2001). Die klassische ökonomische Theorie geht davon aus, im Umsatz bzw. kommerziellen Erfolg drücke sich die Anerkennung der Kundschaft aus. Neben Kunden und Kapitalgebern sind Unternehmen jedoch in aller Regel auf die Unterstützung weiterer Anspruchsgruppen angewiesen, zum Beispiel auf diejenige der Mitarbeitenden, der Lieferanten oder staatlicher Aufsichtsbehörden. Ein Unternehmen, das in Konflikt mit seinen Anspruchsgruppen gerät, dürfte auf lange Sicht seine Anziehungskraft auf den Beschaffungsmärkten und damit seine Daseinsberechtigung gefährden. Im Zusammenhang mit der Bestimmung des Nutzens für die verschiedenen Anspruchsgruppen ist außerdem die Positionierung des Unternehmens in einer **Branche** und in einem **Wirtschaftsraum** (Cluster) zu erwähnen, die in der Literatur zunehmend Beachtung findet (vgl. Porter, 1998; Porter, 2008).

- Die Perspektive der Anspruchsgruppen lässt sich noch ausweiten. Unternehmensentwicklung soll die **Umwelt- und Sozialverträglichkeit des Unternehmens** sicherstellen und steigern (Schaltegger et al., 2002). Die Rede ist hier von einer Minderung nachteiliger externer Effekte auf Umwelt und Gesellschaft. Das kann ein sparsamer Umgang mit natürlichen Ressourcen, die Vermeidung von Emissionen oder die Beachtung von Gesetzen und Regeln zum Schutz der Mitarbeitenden sein (vgl. Kapitel 7).

- Zum Nutzen aller Anspruchsgruppen soll Unternehmensentwicklung die **langfristige Existenz des Unternehmens** sichern. Existenzsicherung ist demzufolge **kein Ziel an sich,** sondern leitet sich aus dem Nutzen ab, den das Unternehmen für seine Anspruchsgruppen stiftet. Bestandssicherung darf kein Selbstzweck sein. Zur Frage, wie der Bestand gesichert werden soll, gibt es unterschiedliche Antworten, die allerdings alle in einer Erhaltung der Anpassungsfähigkeit münden und in der Fähigkeit, Komplexität zu bewältigen. Zentrales Kriterium für die Gestaltung des Unternehmens ist seine Bewährung im Umfeld (Otto et al., 2007). Das Unternehmen soll in einer wandelnden Umwelt die Fähigkeit bewahren, immer neue Nutzenpotenziale zu erschließen. Das ist primär eine Frage von Innovation und Lernen.

- Damit ist die **Lernfähigkeit** eines Unternehmens angesprochen. Nicht mehr die einmalige, womöglich von außen gesteuerte Veränderung, sondern generell Lernfähigkeit ist als Kompetenz der Organisation anzustreben. In Anlehnung an die vorangegangenen Abschnitte setzt sich **Lernfähigkeit** zusammen aus der Fähigkeit, Veränderungen in der Umwelt und im Unternehmen frühzeitig wahrzunehmen (vgl. Kapitel 4), sowie der Bereitschaft und der Fähigkeit, auf diese Veränderungen in geeigneter Weise zu reagieren. Lernfähige Unternehmen zeichnen sich durch **Wandlungsbereitschaft** (Einstellung und Haltung zu Veränderungen) sowie durch **Wandlungsfähigkeit** (individuelle und kollektive Fähigkeiten und Mittel) aus (Krüger et al., 2009). Die Lernfähigkeit geht aber weiter, sie umfasst das Wissen eines Unternehmens über seine Eigengesetzlichkeiten und über seine Stellung in der Umwelt sowie die Möglichkeit, sich selbst bewusst zu verändern und die Beziehungen zu seinen Anspruchsgruppen zu gestalten. In der Praxis hat deswegen die Fähigkeit zur Innovation einen sehr hohen Stellenwert. Neue Geschäftsmodelle, neue Produkte oder Verfahren, aber besonders Management-Innovationen sind ein mächtiger Stellhebel der Unternehmensentwicklung und tragen dazu bei, einen langfristigen Entwicklungsvorteil aufzubauen. Mit dem Senken von Kosten allein ist eine nachhaltige Unternehmensentwicklung nicht vorstellbar.

Um diese Ziele zu erreichen, ist Wachstum in der Größe nur ein Weg unter mehreren. Es ist ebenso gut möglich, dass Wachstum diese Ziele gefährdet, weil es zum Beispiel zu viele Ressourcen absorbiert. Die Wachstumskrise, wie sie einzelne Phasenmodelle beschreiben, betrifft diesen Fall. Letztlich gilt es abzuwägen, ob ein Unternehmen langfristig überleben und ein Einkommen sichern soll, oder ob mit Expansion neue Nutzenpotenziale erschlossen werden sollen. Probst, Raisch und Gomez plädieren daher für ein moderates und ausgeglichenes Wachstum von Umsatz und Gewinn. Entscheidend sei das „nachhaltig profitable Wachstum", „eine ausgewogene Umsatz- und Gewinnsteigerung über lange Phasen der Unternehmensentwicklung" (Raisch/Probst/Gomez, 2007). Gerade für kleine Unternehmen kann

Ziele der Unternehmensentwicklung

es eine Option sein, auf weiteres Größenwachstum zu verzichten und die einmal gefundene Marktnische optimal auszunutzen, zum Vorteil einer langfristigen Sicherung des Gewinns bzw. Einkommens.

Der Verzicht auf ein Wachstum in der Größe muss dabei nicht zwangsläufig Stagnation bedeuten. Es gibt zusätzlich ein qualitatives Wachstum. Ein Unternehmen, das sich auf die optimale Ausschöpfung einer Marktnische beschränkt, kann durchaus Leistungssteigerungen oder Verbesserungen in den Produkten erzielen. Der Wechsel der Marktnische gehört ebenfalls zum qualitativen Wachstum. Qualitatives Wachstum kann sich für die Überlebensfähigkeit wie für den wirtschaftlichen Erfolg als vorteilhaft erweisen.

Unbestritten bleibt aber, dass der wirtschaftliche Erfolg die Grundlage jeder Entwicklung ist. In systemtheoretischer Perspektive beruht der wirtschaftliche Erfolg eines Unternehmens auf dem intakten Austausch von Ressourcen mit seinen Anspruchsgruppen. Reißt dieser Strom des kontinuierlichen Austauschs ab, ist das System akut gefährdet. Daher ist die Beachtung der Liquidität eines Unternehmens auch für die Unternehmensentwicklung zentral. Programme, die entweder die Liquidität des Unternehmens gefährden oder zu viele Mittel absorbieren, können sich zu einer Existenzbedrohung auswachsen. Diese Überlegungen führen insgesamt zu folgender Zielhierarchie, die auch die Fristigkeit bzw. den Zeithorizont der Ziele ausdrückt (vgl. Abbildung 15):

Abbildung 15: Zielhierarchie in der Unternehmensentwicklung

5.3 Übertragung der Entwicklungsziele auf die Teilsysteme des Unternehmens

Die aufgeführten Ziele sind noch sehr abstrakt und bedürfen im Einzelfall einer Verfeinerung. Nicht nur der Nutzen für die einzelnen Anspruchsgruppen, sondern auch die Geschäftsziele sind genau festzulegen. Dabei leisten Kennzahlensysteme, wie zum Beispiel die Balanced Scorecard, wertvolle Dienste. Nicht alle Ziele lassen sich in Kennzahlen ausdrücken, dennoch ist das in vielen Bereichen möglich (vgl. Kapitel 9). Entscheidend ist jedoch, dass die allgemeinen Entwicklungsziele in fassbare Einzelziele übertragen werden, die zum Teil unternehmensspezifisch sind. Nur so wird Unternehmensentwicklung greifbar und überprüfbar.

- Im Bereich der **Strategie** eines Unternehmens wirken Entwicklungsziele wie ein Zirkelschluss. Aber es kann ein Entwicklungsziel sein, die Strategien eines Unternehmens zu verbessern oder neue Nutzen- bzw. Marktpotenziale zu finden, die zum langfristigen Erfolg des Unternehmens beitragen. In einer Außensicht bedeutet dies die Erschließung von neuen Marktpotenzialen, die dann innerhalb des Unternehmens den Aufbau oder den Erhalt bestimmter Kompetenzen bedingen.

- In der **Kultur** gibt es vorwiegend Ziele, die sich auf das beobachtbare Verhalten der Unternehmensangehörigen und das äußere Erscheinungsbild eines Unternehmens beziehen. Werte in den Köpfen direkt verändern zu wollen, ist äußerst problematisch. Hingegen könnte es ein Ziel sein, das Verhalten der Unternehmensangehörigen in bestimmten Situationen zu verändern, etwa in Projekten, in Führungssituationen oder im Kontakt mit der Kundschaft. In einer Innensicht kommt der Zusammenarbeit und der Problemlösungsfähigkeit eine hohe Bedeutung zu. In einer Außensicht sind die Ausrichtung auf die Kundschaft und auf die restlichen Anspruchsgruppen sowie die Aufnahme von Neuerungen wichtig. Ziele, die sich auf das Erscheinungsbild des Unternehmens beziehen, sind nicht nur eine Sache des Marketings, sondern können im Sinne eines symbolischen Aktes (symbolisches Management) die Unternehmenskultur beeinflussen. Allgemein dürfen Kulturziele nicht für sich allein stehen, sondern müssen in einen sachlichen Zusammenhang mit der Leistungsfähigkeit und den Zielen des Unternehmens stehen.

- Für die Entwicklungsziele der **Strukturen** liefern die Betriebswirtschaftslehre, die Organisationspsychologie und die Technik eine Vielzahl von Vorgaben. Um die Lernfähigkeit zu erhalten, ist grundsätzlich ein Gleichgewicht von Stabilität und Flexibilität der Strukturen anzustreben. Stabilität repräsentiert die Innensicht von Vertrautheit und Routine in einer Organisation, die ihren Wert besitzen, da sie zu Erfahrungskurveneffekten und damit zur Effizienz beitragen. Flexibilität repräsentiert die Außensicht, weil sie es ermöglicht, Veränderungen in der Umwelt bzw. in den Anforderungen der Anspruchsgruppen aufzunehmen. So gesehen steht Wirksamkeit oder Effektivität – im Umgang mit den Anforderungen der Umwelt – für die Außensicht, Effizienz für die Innensicht. Um die geeignete Mischung von Stabilität und Flexibilität, Effektivität und Effizienz herzustellen, gibt es unterschiedliche Konzepte. Zum Beispiel betont das Lean Management die Konzentration auf Wertschöpfungsprozesse und den Verzicht auf Aktivitäten, die nicht direkt zur Wertschöpfung beitragen (vgl. Kapitel 6).

Bei den Abläufen sind es vor allem Ziele, die sich auf die Leistungseinheiten sowie auf die drei Grundmerkmale von Kosten, Zeit und Qualität beziehen. Im neueren Verständnis spielt die Zufriedenheit der Kundschaft eine zentrale Rolle bei der Bestimmung der Qualität. Das Modell der „Business Excellence" der European Foundation for Quality Management (EFQM) und das Qualitätsmanagementsystem nach ISO 9000 ff. sind Beispiele dafür. Aber selbst Verbesserungen im Einhalten von Standards (Fehlerquoten, Reklamationen und andere) können zum Ziel der Unternehmensentwicklung gemacht werden. Die geringste Eigenständigkeit sollten Entwicklungsziele im Bereich der Aufbauorganisation beanspruchen. Sie sollten der Strategie (Zieldimension) und den Prozessen folgen („structure follows strategy"). Zusammen mit anderen Zielen können die Einführung von Instrumenten, der Ausbau von Kapazitäten oder das Erreichen besonderer Organisationsmerkmale (flache Hierarchien, Teamarbeit und andere) aber zu den Entwicklungszielen gehören.

Tabelle 11: Beispiele von Entwicklungszielen für die Teilsysteme eines Unternehmens

Teilsysteme	Mögliche Entwicklungsziele
Strategie	■ Entwicklung von neuen Strategien und Erkennen von Nutzenpotenzialen ■ Erneuerung von Produkten, Verfahren, Geschäftsmodellen ■ Erschließung von neuen Märkten oder neuen Kundensegmenten ■ Zustimmung der Anspruchsgruppen (Kundschaft, Mitarbeitende, Regulatoren etc.)
Kultur	■ Neue Werte: Zusammenarbeit und Innovation ■ Geändertes Verhalten der Unternehmensangehörigen ■ Erneuertes Erscheinungsbild des Unternehmens
Strukturen	■ Veränderung der Organisationsmerkmale (Verhältnis von Stabilität und Beweglichkeit) ■ Verbesserung der Abläufe hinsichtlich Produktivität (Zeit, Kosten und/oder Qualität) ■ Anpassung der Kapazitäten (möglicher Ausstoß an Produkten und als Folge Veränderung der Anzahl Leistungseinheiten und Beschäftigten)

5.4 Zusammenfassung

Es gibt ein Metaziel der Unternehmensentwicklung: Es ist der Nutzen der Anspruchsgruppen, unter Berücksichtigung von Umwelt- und Sozialzielen sowie der Lernfähigkeit. Sie wird durch die Veränderungsbereitschaft und die Fähigkeit zur Wahrnehmung von Veränderungen bestimmt.

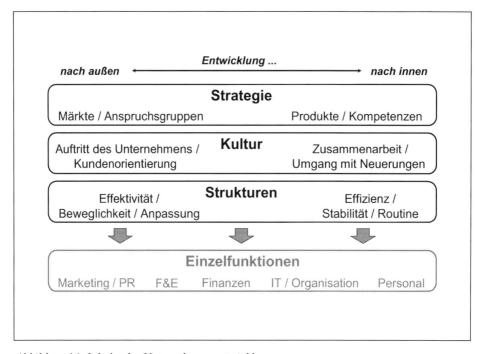

Abbildung 16: Inhalte der Unternehmensentwicklung

Die Formulierung von einzelnen Entwicklungszielen sollte alle drei Teilsysteme – Strategie, Kultur und Strukturen – erfassen, was eine sorgfältige Abstimmung der Ziele aufeinander erfordert. Es ist eine integrierte Vorgehensweise notwendig. Darüber hinaus sollte Unternehmensentwicklung als bewusster Prozess bei diesen Entwicklungszielen jeweils beide Perspektiven, Außen- und Innensicht, beachten. Nicht nur die Ausrichtung auf die Umwelt, sondern auch die eigenen Ressourcen und Kompetenzen des Unternehmens sind im Gleichschritt zu entwickeln. Am Ende sind diese Ziele auf die betrieblichen Einzelfunktionen, also beispielsweise Marketing/PR, Forschung und Entwicklung (F&E), Finanzen, Informatik/Organisation oder Personal, zu übertragen (vgl. Abbildung 16).

Die Zieldiskussion verzichtet bewusst auf die Skizze einer idealen Organisation, wie sie etwa bei Doppler und Lauterburg (2005) zu finden ist. Dafür ändern sich die Anforderungen, die Konzepte und nicht zuletzt die Moden zu rasch. Es ist viel sinnvoller, Ziele und Konzepte in der jeweiligen Situation zu überdenken und zu überprüfen. Dabei mögen folgende Kriterien eine Hilfe sein (nach Butler 2006):

- **Akzeptanz:** Wie passen diese Ziele zu den Interessen der Anspruchsgruppen?
- **Eignung:** Welche Ziele passen zu den Stärken des Unternehmens und machen Schwächen unbedeutend?
- **Machbarkeit:** Lassen sich diese Ziele in der Praxis umsetzen?

6. Entwicklungskonzepte

6.1 Auswahl und Bewertung von Entwicklungskonzepten

Die Entwicklungsmodelle aus Kapitel 3 beschreiben die Entwicklung von Unternehmen vom Standpunkt eines außenstehenden Beobachters. Dieses Kapitel behandelt nun Konzepte, die Handlungsanweisungen geben, wie und in welche Richtung ein Unternehmen sich entwickeln soll. Diese Entwicklungskonzepte beinhalten nebst klaren Ansatzpunkten für die geplante und bewusste Gestaltung von Unternehmen darüber hinaus eine normative Komponente, indem sie beschreiben, wie ein Unternehmen aussehen soll. In der Regel sind es Idealbilder, die selten in Reinform verwirklicht werden können, aber sie geben einen Anhaltspunkt für die Entwicklungsrichtung.

Von den Instrumenten, die im Praxisteil beschrieben werden (vgl. Kapitel 10), unterscheiden sich Entwicklungskonzepte durch die Angabe dieser Idealvorstellung und zudem durch eine Gesamtschau des Unternehmens und seiner Teilsysteme. Die Grenzen sind allerdings fließend, und über die Zuordnung zu Instrumenten und Entwicklungskonzepten lässt sich im Einzelfall streiten. So wurden zum Beispiel Konzepte wie die Virtualisierung und die Netzwerkorganisation, die einzelne Autoren als Entwicklungskonzepte sehen (z. B. Reiss, 1997b), den Instrumenten zugeordnet, während Lean Management in dieser Darstellung unter den Entwicklungskonzepten aufgeführt ist, obwohl nicht alle diese Ansicht vertreten. Und die Organisationsentwicklung wird nicht als ein Entwicklungskonzept, sondern als ein Ansatz des Change Management, der Gestaltung von Veränderungsprozessen, verstanden (vgl. Kapitel 1). Ein Grenzfall ist ferner das Konzept der lernenden Organisation, das sowohl als Ansatz des Change Management wie auch als Idealbild eines Unternehmens gesehen werden kann, weil sich hinter dem Begriff unterschiedliche Konzepte verbergen. Die vorliegende Auswahl stützt sich auf übereinstimmende Nennungen in der Literatur (vgl. Brehm, 2001; Doppler/Lauterburg, 2005; Krizanits, 2005; Reiss, 1997b; Zdrowomyslaw, 2005).

Entwicklungskonzepte lassen sich nach unterschiedlichen Gesichtspunkten gliedern, zum Beispiel nach ihrem Bild von Organisation (Organisationsbilder), der Interventionstiefe, den Wirkungsvorstellungen (Gestaltbarkeit, Ansatzpunkte der Unternehmensentwicklung) oder der Fristigkeit (kurzfristige oder langfristige Wirkung). Hier interessieren ihre Aussagen zu den Kernaspekten von Unternehmensentwicklung:

- der Stellenwert **der Außen- oder Innenperspektive**,
- die Betonung **sachrationaler oder sozial-emotionaler Aspekte** sowie nachrangig
- die Ansatzpunkte in den **Teilsystemen von Unternehmen** (Strategie, Strukturen, Kultur).

Nach außen gerichtete Entwicklungskonzepte schenken vorwiegend der Ausschöpfung von Marktpotenzialen und der Gestaltung der Austauschbeziehungen zu den Anspruchsgruppen Beachtung. Dagegen beziehen sich innengerichtete Konzepte überwiegend auf die Verbesserung der Strukturen und Abläufe sowie auf die interne Kommunikation und die Kultur eines Unternehmens. Das zweite Merkmal bezieht sich auf die Betonung sachrationaler und sozialemotionaler Aspekte. Dieses Merkmal zeigt auf, welchen der beiden Aspekte, Sachziele und Instrumente oder Verhalten und Werte, diese Konzepte zum Ansatzpunkt und zum Gegenstand der Veränderung nehmen. Etwas nachrangiger sind die Teilsysteme im Unternehmen, Strategie, Strukturen und Kultur, auf die sich die einzelnen Entwicklungskonzepte beziehen. Fast alle Konzepte versuchen, mehrere Aspekte zu berücksichtigen. Am leichtesten fällt die Zuordnung bei den betriebswirtschaftlichen Entwicklungsstrategien und dem Business Process Reengineering.

Tabelle 12: Merkmale ausgewählter Entwicklungskonzepte

Bezeichnung	Ziel	Ausrichtung	Betonung Aspekte	Ansatz auf Teilsystem
Betriebswirtschaftliche Entwicklungsstrategien	Ausschöpfung der Potenziale im Markt (Wachstum) und Gewinnmaximierung	Eher äußere Entwicklung neuere Ansätze: innen und außen	Sachrationaler Aspekt mit Blick auf sozial-emotionale Aspekte	Strategie
Business Process Reengineering (BPR)	Radikal optimierte Prozesse, Reduktion von Kosten und Durchlaufzeiten, bei steigender Qualität	Eher innere Entwicklung	Sachrationale Aspekte im Vordergrund	Strukturen
Lean Management	Schlankes Unternehmen mit Verzahnung von Prozessen und Systemen möglichst ohne Aktivitäten, die nicht zur Wertschöpfung beitragen	Eher innere Entwicklung	Sachrationale Aspekte im Vordergrund	Strukturen (Kultur)
Total Quality Management/ EFQM	Herausragendes Unternehmen in allen Aspekten (Exzellenz), auch in den Beziehungen zu seinen Anspruchsgruppen	Sucht Verbindung von innerer und äußerer Entwicklung	Offen für sozial-emotionale und sachrationale Aspekte	Strukturen und Kultur
Lernende Organisation	Organisation, die an ihrer Weiterentwicklung arbeitet, offen ist für Veränderung und ihre Lernprozesse laufend optimiert	Eher innere Entwicklung	Sozial-emotionale Aspekte mit Blick auf sachrationale Aspekte	Kultur (Strukturen)

Die Merkmale sind allerdings nicht als striktes Raster zu verstehen, sondern lediglich als Orientierungshilfe. Es sind Merkmale, die sich nicht scharf gegeneinander abgrenzen lassen. Bestimmte Ansätze betonen die eine oder die andere Ausprägung oder lassen mehrere zu. Der Vergleich zeigt zudem, dass sich diese Konzepte gegenseitig nicht ausschließen; sie betonen vielmehr unterschiedliche Aspekte in der Entwicklung von Unternehmen.

6.2 Betriebswirtschaftliche Entwicklungsstrategien

Die betriebswirtschaftlich orientierten Entwicklungsstrategien bilden kein in sich abgerundetes Lehrgebäude, es sind vielmehr mikroökonomisch inspirierte Gestaltungsideen, die

- auf einer verbesserten Ausschöpfung des Marktes,
- auf Erneuerung von Produkten zur Abdeckung neuer oder bestehender Bedürfnisse und
- auf Erneuerung von Verfahren zur Optimierung der eingesetzten Produktionsfaktoren oder
- auf der Schaffung von neuen Geschäftsmodellen beruhen.

Zu diesen Konzepten gehören diejenigen Ansätze des strategischen Managements, welche die Innovation (die Erneuerung) in der Unternehmensentwicklung betonen (vgl. Frank, 2006; Hasenzagl, 2006; Wildenmann, 2002). Ob Innovation aus innerem Antrieb oder aufgrund von Anforderungen aus der Umwelt geschieht, ist für viele Autoren offen. Es sind mehrere Formen möglich. Schumpeter hat dazu die Vorlage geliefert (vgl. Abschnitt 3.2). Grundsätzlich sind folgende Grundformen von Innovation denkbar (Raisch/Probst/Gomez, 2007 und Hamel, 2008):

1. Die **technologische Innovation** fokussiert vor allem nach innen. Sie umfasst die Verbesserung oder Erneuerung von Produkten oder Prozessen bzw. der Verfahren.

2. Die **strategische Innovation** beinhaltet die Entwicklung neuer Geschäftsmodelle und Vermarktungskonzepte. Sie ist außengerichtet, weil sie zu neuen Umweltbeziehungen des Unternehmens führt.

3. Die **Management-Innovation** beinhaltet neuartige Muster in der Steuerung von Unternehmen und die Aufrechterhaltung eines Flusses von strategischen und technologischen Innovationen. Die Fähigkeit zur Management-Innovation wird als ein entscheidender Wettbewerbsvorteil des 21. Jahrhunderts gesehen (Hamel, 2008).

Nicht zu verwechseln sind diese Grundformen mit der inneren und äußeren Unternehmensentwicklung, die angibt, auf welchem Weg diese Innovationen erreicht werden. Neben diesen Grundformen von Innovation lassen sich hinsichtlich der Umsetzung und der Bereitstellung der Ressourcen weitere Innovationsmuster unterscheiden (vgl. nachfolgende Darstellung).

> **Typische Innovationsmuster in der Umsetzung (nach Elle, 1991):**
>
> - Innovation durch Substitution: Neue Produkte ersetzen die alten.
> - Innovation durch Reallokation: Ein Teil der gebundenen Ressourcen fließt in neue Produkte.
> - Innovation durch Slack: Nicht ausgelastete Kapazitäten (Slack) werden für Neues gebraucht.
> - Innovation durch Wachstum: Neue Produkte treten neben die alten, bedeutet Wachstum.
> - Innovation durch Lernen: Die Kapazität der Unternehmung wird durch Lernen gesteigert.

Auch wenn die Inhalte einzelner Strategien hier nicht im Vordergrund stehen, so ist doch auf einige Grundstrategien zu verweisen: Auf der Ebene des gesamten Unternehmens stellt sich nach einer Analyse des Portfolios bestehender Geschäftsfelder vor allem die Frage nach der **weiteren Markterschließung** und allenfalls einer **Diversifikation,** der Ausweitung der Unternehmenstätigkeit auf neue Produkte oder neue Märkte, oder sogar einer Kombination dieser Formen (vgl. Tabelle 13) sowie weiteren Arten der Diversifikation (Müller-Stewens/Lechner, 2005; Paul, 1985). Auch die gegenläufige Bewegung kann eine Stoßrichtung der Unternehmensentwicklung sein: die Konzentration auf die Kernkompetenzen, sei es bei der Bearbeitung vertrauter Märkte oder der Verfeinerung bekannter Produkte.

Tabelle 13: Entwicklungsstrategien auf Unternehmensebene

Produkt/Markt	Bestehende Produkte	Neue Produkte
Bestehende Märkte	Marktdurchdringung, Verfahrensinnovation (z. B. zwecks Erreichen der Kostenführerschaft)	Produktinnovation, vertikale Diversifikation mit Integration von vor- oder nachgelagerten Produkten
Neue Märkte	Neue Geschäftsmodelle, Ausweitung auf andere Segmente, Internationalisierung/Globalisierung	Laterale Diversifikation, Ausnutzen von Kernkompetenzen für neue Produkte in neuen Märkten

Zu den wichtigsten Standardstrategien innerhalb eines einzelnen Geschäftsfeldes gehören

- die **Kostenführerschaft** (günstiger sein als die Mitbewerber),
- die **Differenzierung** (anders und vor allem besser sein als die Mitbewerber) sowie
- verschiedene **Mischstrategien** wie das Outpacing (zuerst Überlegenheit im Markt, danach Kostenführerschaft anstreben, häufig im Elektroniksektor zu beobachten) oder die Segmentierung (Konzentration auf bestimmte Marktsegmente, häufig bei kleineren und mittleren Unternehmen anzutreffen).

Für die Umsetzung dieser Strategien sind zwei grundlegende Ansätze zu unterscheiden, die gemeinhin mit innerer und äußerer Unternehmensentwicklung bezeichnet werden und entsprechende Instrumente benötigen (Bleicher, 2004; Paul, 1985):

1. **Innere Unternehmensentwicklung:** Wachstum aus eigenen Ressourcen, zum Beispiel Markterschließung und Diversifikation mit Hilfe neuer Produkte. Instrumente dafür liefern vor allem das Innovationsmanagement und das Marketing.

2. **Äußere Unternehmensentwicklung:** Akquisition neuer Unternehmen, Fusionen oder Kooperationsabkommen, um neue Produkte zu entwickeln oder neue Märkte zu erschließen. Kooperationen sind häufig bei Innovationen im Bereich von Produkten und Herstellungsverfahren zu beobachten, aber auch beim Vorstoß in internationale Märkte.

Das Idealbild der betriebswirtschaftlichen Entwicklungsstrategien ist ein Unternehmen, das für seine Anspruchsgruppen einen hohen Nutzen stiftet, mit Betonung finanzieller Ziele (Ertrag). Ein strategisch gut positioniertes Unternehmen nutzt die Marktchancen für weiteres Wachstum und besetzt strategische Erfolgspositionen. Dazu entwickelt es seine Kernkompetenzen weiter. Mit der starken Ausrichtung auf den Markt sind betriebswirtschaftliche Entwicklungsstrategien nach außen orientiert. Allerdings gibt es beide Ansätze der Strategieentwicklung, die „resource-based view", die auf die Stärken des Unternehmens abstellt, und die „market-based view", die Gelegenheiten und Bedürfnisse im Markt als Ansatzpunkt der Strategieformulierung nimmt. Es sind letztlich Nuancen in der Betonung der Strategieformulierung, die neuere Ansätze zu vereinen versuchen.

Betriebswirtschaftliche Entwicklungsstrategien verfolgen einen klar sachrationalen Weg und konzentrieren sich auf die Zielsysteme von Unternehmen (Teilsystem Strategie). Neuere Darstellungen, die dem Change Management großen Platz einräumen (z. B. Müller-Stewens/Lechner, 2005), gewichten den sozial-emotionalen Aspekt in der Umsetzung von Strategien stärker. Sie sehen die sozial-emotionalen Grenzen und Anforderungen bei der Umsetzung von Strategien in Unternehmen. Bemerkenswert ist in diesem Zusammenhang die Darstellung von Mintzberg (1991), der die kreative und sogar „kunsthandwerkliche" Seite der Strategiebildung erwähnt, was auf die oft vernachlässigten intuitiven und emotionalen Teile von Geschäftsstrategien verweist.

6.3 Business Process Reengineering

Das Konzept des Business Process Reengineering (BPR) ist zu Beginn der 1990er-Jahre aus der Notwendigkeit entstanden, Geschäftsabläufe radikal zu vereinfachen (vgl. Hammer/Champy, 1995). Vor allem große Unternehmen kämpften mit schwerfälligen Prozessen, die lange Durchlaufzeiten aufwiesen und überdies zu Produkten mit mangelhafter Qualität führten. Hier wollte das Konzept des BPR Abhilfe schaffen, indem es empfahl, die gesamte Leistungskette von Grund auf neu zu strukturieren. Es verzichtet dabei ausdrücklich auf eine punktuelle Verbesserung bestehender Prozesse. Leitidee des BPR ist die konsequente Prozessorientierung. Die Organisation soll alle am Leistungsprozess beteiligten Personen im Idealfall in einem Prozessteam vereinen. Damit wollten die Urheber des BPR gegen die starke Aufgabenteilung in großen Unternehmen ankämpfen, die letztlich dazu führte, dass niemand mehr die Verantwortung für den Leistungsprozess als solchen trug.

Das BPR versprach eine markante Senkung der Durchlaufzeiten und damit der Kosten bei gleich bleibender oder sogar gestiegener Qualität. Auch wenn das BPR eine konsequente Ausrichtung der Prozesse auf die Kunden und Kundinnen verlangt, liegt doch der Schwerpunkt dieses Konzepts auf den inneren Abläufen im Unternehmen. Mit der Forderung nach einem radikalen Wandel und der Ausrichtung auf die Neugestaltung der Geschäftsabläufe stehen beim BPR der sachrationale Aspekt und die Gestaltung von Strukturen klar im Vordergrund.

6.4 Lean Management

Lean Management (vgl. Glasl/Brugger, 1994) ist ebenfalls aus einer Krise entstanden, als nämlich amerikanische Autohersteller bemerkten, dass die japanischen Mitbewerber deutlich schneller und in besserer Qualität produzierten. Lean Management zielt unter anderem darauf ab, alle Aktivitäten und damit alle Organisationseinheiten möglichst zu begrenzen, die nicht direkt zur Wertschöpfung bzw. zum Kundennutzen beitragen. Es beinhaltet aber weitere Bausteine wie die Integration von Zulieferern und Abnehmern, die Prozessorientierung und die Teamarbeit. Besonders wichtig ist die Rückdelegation der Verantwortung für Qualität an die ausführenden Teams, während in traditionellen, tayloristisch orientierten Produktionsbetrieben eine spezialisierte Stelle für Qualität verantwortlich zeichnete und die Qualitätsprüfung oft im Nachhinein durchführte. Das Idealbild des schlanken Unternehmens sieht eine optimale Verzahnung von Prozessen und Arbeitsinstrumenten sowie die konsequente Ausrichtung auf wertschöpfende Tätigkeiten im Hinblick auf die Kundenwünsche vor.

Das Lean Management weist ebenfalls inhaltliche Überschneidungen zu anderen Konzepten auf, etwa zum BPR im Punkt der Prozessorientierung. Lean Management ist ein Konzept, das besonders in Unternehmen der Wende- und Reifephase seine Anwendung findet, weil diese Unternehmen häufig komplizierte Organisationen aufgebaut haben. Lean Management bezieht sich auf ganze Unternehmen oder Unternehmensteile. Es ist darüber hinaus mit dem Konzept des „Kaizen", der kontinuierlichen Verbesserung, verbunden. Die Einordnung des Lean Management folgt dabei ähnlichen Argumenten wie sie schon beim BPR zur Sprache kamen: Es ist ein Konzept, das sich vorwiegend nach innen richtet, ungeachtet der Betonung der Kundenwünsche. Es dominieren außerdem sachrationale Themen. Damit hat auch dieses Entwicklungskonzept seinen Schwerpunkt im Teilsystem der Strukturen.

6.5 Total Quality Management und das EFQM-Modell

Total Quality Management (TQM) ist eine Qualitätsbewegung. Sie bezieht sich nicht einfach auf die Einhaltung einzelner Qualitätsstandards, sondern sie fordert vielmehr eine geplante Verhaltensänderung in Richtung hervorragende Geschäftstätigkeit (sog. „Business Excellence"). Gegenüber älteren Modellen der Qualitätsprüfung und Qualitätsnachsorge betont TQM die umfassende Sicht von Qualität als hervorragende Geschäftstätigkeit. Qualität ist zeitlich unbegrenzt und betrifft alle Angehörigen sowie alle Abläufe im Betrieb. Dafür steht das Prädikat „Total". Mit diesem Anspruch wird TQM zu einem integrierten Konzept. Ausgangspunkt von TQM waren die Beherrschung der Prozesse und eine klare Ausrichtung auf die Kundenwünsche, was bereits im Modell der Qualitätsnorm ISO 9001 und spätere enthalten ist (vgl. Unternehmensmodell von ISO 9001 ff in Abschnitt 2.5). In Teilen nahm TQM Elemente des Lean Management auf. Allerdings enthält das Bild des exzellenten Unternehmens keine Aussagen zur Struktur. Das bleibt dem einzelnen Unternehmen überlassen.

> **Handlungsmaximen bzw. Grundkonzepte der Excellence (EFQM, 2003a):**
>
> 1. Ergebnisorientierung
>
> 2. Ausrichtung auf Kunden
>
> 3. Führung und Zielkonsequenz
>
> 4. Management mittels Prozessen und Fakten
>
> 5. Mitarbeiter-Entwicklung und -Beteiligung
>
> 6. Kontinuierliches Lernen, Innovation und Verbesserung
>
> 7. Entwicklung von Partnerschaften
>
> 8. Soziale Verantwortung

Das EFQM-Modell stammt von der European Foundation for Quality Management (EFQM) und folgt den Grundsätzen des TQM (vgl. EFQM, 2003a; EFQM, 2003b). Das Modell ist zudem mit einem Qualitätspreis verbunden. Die Grundlage des Modells bilden acht Handlungsmaximen, „Grundkonzepte" in der Wortwahl von EFQM, deren Umsetzung zu einer hervorragenden Geschäftstätigkeit („Business Excellence") führen soll. Diese Grundkonzepte umreißen gewissermaßen die Idealvorstellung eines exzellenten Unternehmens oder einer exzellenten Organisation (vgl. Darstellung oben).

Um beurteilen zu können, inwieweit ein Unternehmen diese Handlungsmaximen beachtet und sie im Geschäftsalltag umsetzt, hat EFQM ein Bewertungsmodell mit vier sogenannten Ergebniskriterien und fünf Kriterien von Voraussetzungen („Befähigern") entwickelt (vgl. Abbildung 17). Zu jedem der neun Kriterien des Bewertungsmodells gibt es einen Katalog von Teilkriterien.

Im Verständnis des EFQM-Modells ist die Entwicklung des Unternehmens zur Exzellenz nach oben offen. Ebenso vermeidet das Modell, im Einzelnen Gestaltungsvorgaben anzugeben. Es ist Sache des betreffenden Unternehmens, wie es zum Beispiel die Ausrichtung auf Kundinnen und Kunden handhaben will.

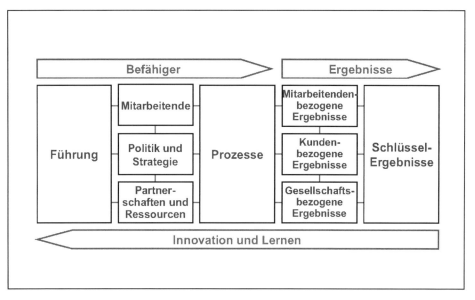

Abbildung 17: Bewertungsmodell von EFQM (EFQM, 2003b); eigene Darstellung

Mit seiner starken Orientierung an den verschiedenen Anspruchsgruppen – Kunden, Mitarbeitenden, Zulieferern und weiteren Gruppen der Gesellschaft – versucht das Modell, eine Brücke zwischen der Innenperspektive (Management der Prozesse) und der Außenperspektive zu schlagen. Da es für die Entwicklung zur Exzellenz den Regelkreis von „Plan-Do-Check-Act" (PDCA) vorschlägt, betont es einen eher kontinuierlichen Entwicklungsweg. Mit Blick auf die acht Grundkonzepte der Exzellenz zeigt das EFQM-Modell nebst sachrationalen Maximen eine Offenheit für sozial-emotionale Aspekte. Es bezieht sich auf die Teilsysteme der Strukturen und der Unternehmenskultur. In der Strategie bleibt das EFQM-Modell bewusst offen.

6.6 Die lernende Organisation

Das Konzept der „lernenden Organisation" von Argyris und Schön (2006) zeichnet sich gegenüber anderen Entwicklungskonzepten durch einen vergleichsweise hohen Grad an Abstraktion aus. Deswegen lässt es sich gut mit anderen Entwicklungskonzepten kombinieren, wie etwa mit TQM/EFQM. Gleichzeitig ist es ein umfassendes Konzept, das sich nicht auf einzelne Teilbereiche des Unternehmens beschränkt.

Argyris und Schön bezeichnen ihren Ansatz als normativ und produktiv, weil sie am produktiven Lernen von Organisationen interessiert sind. Nach ihrem Verständnis führt produktives Lernen zu besseren Leistungen, während es auch unproduktives Lernen gibt, etwa wenn eine Organisation lernt, Fehler zu vertuschen. Organisationales Lernen geht dabei über das Lernen der einzelnen Organisationsangehörigen hinaus. Vereinfacht ausgedrückt, schlägt sich organisationales Lernen in veränderten organisationalen Handlungsmustern nieder. Das Wissen von Organisationen ist unter anderem in ihren Abläufen und Entscheidungsregeln enthalten. Hinter diesen Abläufen und Entscheidungsregeln steht eine „handlungsleitende Theorie", die übrigens die Angehörigen der Organisation nicht einmal bewusst kennen müssen. Damit Lernen „organisational" wird, muss es zu einer (produktiven) Veränderung der handlungsleitenden Theorie führen. Argyris und Schön unterscheiden drei Formen, wie das geschehen kann:

- **Ein-Schleifen-Lernen (Single-Loop Learning):** Es werden Handlungsstrategien oder Annahmen geändert, so dass die Wertvorstellungen der handlungsleitenden Theorie unverändert bleiben. Es handelt sich also um eine Anpassung der Handlungsmuster, um die bestehenden Ziele weiterhin zu erreichen.

- **Doppelschleifen-Lernen (Double-Loop Learning):** Es führt zu einem Wertewechsel sowohl der handlungsleitenden Theorien als auch der Strategien und Annahmen. Bei dieser Form ändern sich die Ziele und Werte einer Organisation, weil sich bestimmte Annahmen als kontraproduktiv erwiesen haben. Unter diese Form ist beispielsweise ein Strategiewechsel zu subsumieren.

- **Lernen zweiter Ordnung (Deutero Learning):** Diese Form sehen die Autoren als Variante des Doppelschleifen-Lernens, durch das die Mitglieder einer Organisation das Lernsystem entdecken und abändern können. Bei dieser Form stellt also die Organisation ihre Lernprozesse in Frage.

Das Idealbild ist demzufolge eine Organisation, die nicht nur ihre Strategie neuen Gegebenheiten anpassen kann, sondern auch in der Lage ist, ihre Lernprozesse zu erkennen und zu verändern. Das setzt einen hohen Grad an Bewusstsein und Reflexion voraus.

Selbst wenn Lernen nach diesem Konzept auf einer Auseinandersetzung der Organisation mit ihrer Außenwelt beruht, so zeigt doch die Ausrichtung auf die handlungsleitende Theorie eine starke Binnenorientierung. Dagegen ist das Konzept der lernenden Organisation offen für unterschiedliche Veränderungsansätze. Während die Form des Ein-Schleifen-Lernens einem kontinuierlichen Verbesserungsprozess nahekommt, können Doppelschleifen-Lernen und das Infragestellen der Lernprozesse ebenfalls einen radikalen Wandel beinhalten. Mit seiner Konzentration auf Werte und unausgesprochene Regeln der handlungsleitenden Theorie rückt das Konzept der lernenden Organisation die sozial-emotionalen Aspekte in den Vordergrund. Insofern hat das Konzept seinen Schwerpunkt vorwiegend im Teilsystem Kultur.

6.7 Ausblick: Das flexible Unternehmen

Die vorliegenden Entwicklungskonzepte zeigen Ansatzpunkte und Perspektiven der Unternehmensentwicklung auf. Sie sind allerdings zeitgebunden und nicht unabhängig von Managementmoden. Das zeigt sich etwa an der Prozessorientierung oder an der Kundenorientierung, die verschiedene Entwicklungskonzepte mehr oder weniger prominent vertreten. In diesen Gemeinsamkeiten äußert sich die Abkehr vom herkömmlichen Bild einer Massenfertigung standardisierter Güter in durchrationalisierten Organisationen, wie es der Taylorismus zu Beginn des 20. Jahrhunderts entworfen hatte, dem zahlreiche Unternehmen bis weit in die 1990er-Jahre nachlebten.

Das beginnende 21. Jahrhundert ist geprägt vom Ideal einer beweglichen Organisation, die sich laufend verbessert und mit Hilfe von neuen Konzepten die Vorteile einer standardisierten Fertigung mit der Anpassung an individuelle Kundenwünsche zu versöhnen versucht. Die Informations- und Kommunikationstechnologien (Personal Computer und Internet), die zeit- und ortsunabhängiges Arbeiten erlauben, sind eine wichtige Grundlage dafür. Das Ideal der flexiblen und kundenorientierten Organisation ist in einer Reihe von Themen erkennbar, die freilich noch nicht den Stand von ausformulierten Entwicklungskonzepten erlangt haben (vgl. Tabelle 14). Sie lassen sich aber alle als Spielart einer anhaltenden Zunahme der Vielfalt und der Komplexität begreifen. Das Unternehmen des 21. Jahrhunderts muss mit einer Vielfalt an Vorlieben, Verfahren, Produkten, Menschen und Meinungen leben und diese Vielfalt produktiv nutzen können. Die Vielfalt zieht unweigerlich eine Zunahme der Komplexität nach sich. Die Geschäftswelt entzieht sich immer mehr der Beschreibung durch einfache Regeln. Daher wird das Überdenken und Weiterentwickeln der Geschäftstätigkeit zur Daueraufgabe. Das hat aber zur Folge, dass neue Formen der Unternehmensführung gefragt sind, die stärker auf Dezentralisierung von Entscheidungen und Selbststeuerung beruhen (vgl. Hamel, 2008). Nach bisherigen Erfahrungen erscheint es unwahrscheinlich, dass eine von oben gesteuerte Entwicklung, sozusagen der „bürokratische Ansatz" der Unternehmensführung, dieser Aufgabe gewachsen ist. Soll die Wandlungsfähigkeit gesteigert werden und ein kontinuierlicher Strom von Innovationen erfolgen, verspricht die breite Beteiligung der Mitarbeitenden an der Unternehmensentwicklung mehr Erfolg.

Tabelle 14: Beispiele aktueller Entwicklungsthemen

Bezeichnung	Umschreibung
Oberthemen: Vielfalt und Komplexität	Ein Grundtrend ist die Zunahme der Vielfalt, sei es bei Meinungen, Vorlieben, Produkten, Verfahren oder Kooperationsformen. Damit verbunden ist eine Steigerung der Komplexität, bei der nicht nur die Zahl der Elemente, sondern auch ihre Verknüpfungen untereinander zunehmen und sich die Qualität der Beziehungen verändert. Die nachfolgenden Trends lassen sich durchaus als Spielarten von Vielfalt und Komplexität sehen.
Virtualisierung	Entstehung von „virtuellen Unternehmen", bei denen mehrere unabhängige Unternehmen im Hintergrund zusammenarbeiten. Sie bilden eine Wertschöpfungspartnerschaft, häufig in Form von Unternehmensnetzwerken (vgl. unten). Virtuelle Unternehmen lassen sich rasch bilden und wieder auflösen.
Out-Sourcing (In-Sourcing)	Verwandt mit dem Konzept der Virtualisierung ist die Frage des Out-Sourcing, der Auslagerung bestimmter Funktionen oder Prozesse an Netzwerkpartner oder an Dritte. Es gibt allerdings den Gegentrend des In-Sourcing. Generell handhabt ein Unternehmen seine Grenzen flexibler und bestimmt von Fall zu Fall, welche Funktionen zwingend im Unternehmen wahrgenommen werden müssen.
Netzwerkorganisation (vgl. Sydow, 2003)	Zusammenschluss von mehreren unternehmerischen Einheiten, die selbstständig bleiben und deren Zusammenwirken weder durch den Markt noch durch die hierarchische Steuerung einer Leitungsinstanz, sondern durch Kooperation und Kommunikation koordiniert wird. Auch innerhalb von großen Konzernen sind netzwerkartige Formen des Zusammenwirkens dezentraler Unternehmenseinheiten denkbar.
Neue Arbeitsformen (Digitale Bohème, vgl. Friebe/Lobo, 2006)	Im Zusammenhang mit der Virtualisierung und Auslagerung verliert das Modell der Festanstellung an Gewicht. Unternehmensfunktionen werden an freiberufliche Fachleute ausgelagert oder Aufträge in Netzwerken von Freiberuflern ausgeführt. Verbreitet sind diese Formen in der Werbe- und Kreativwirtschaft, im Mediensektor und in der Informatik. Offen ist noch die soziale Absicherung dieser neuen Arbeitsformen.
Mass Customization (vgl. Varian et al., 2004)	Produkte in hoher Variantenvielfalt, die auf der individuellen Konfiguration von Standardbausteinen beruhen, die ihrerseits in Massenfertigung hergestellt werden. Dies bedingt eine komplexe Steuerung der Herstellungs- und Vertriebs-prozesse, die sich nur mit Hilfe der Informationstechnik bewältigen lässt.
Globalisierung	Sie steht indirekt mit dem Trend zum flexiblen Unternehmen sowie mit dem Aufkommen der Informations- und Kommunikationstechnik und der Transportwirtschaft in Verbindung. Virtualisierung und das Internet ermöglichen weltweite Zusammenarbeit und oft weltweiten Absatz. Konzepte wie Mass Customization verlangen nach der Bearbeitung möglichst großer Märkte, was den Trend zur Globalisierung wiederum unterstützt.

7. Ethische Fragen in der Unternehmensentwicklung

7.1 Ethische Aspekte von Entwicklungszielen

Unternehmensentwicklung ist nicht wertfrei. Ihre Urheber müssen sich vielmehr fragen, welche Werte sie damit schaffen wollen (Sinnfrage) und für wen (Legitimationsfrage). Dabei sollte es nicht geschehen, dass sich eine rein wirtschaftliche Logik von Kosten-Nutzen-Überlegungen gegenüber ethischen und praktischen Forderungen verselbstständigt (vgl. Ulrich, 2008; Lunau/Wettstein, 2004). Unternehmen sind soziale Gebilde und stehen mit anderen Teilen der Gesellschaft in ständigem Austausch. Neben diesen grundsätzlichen Überlegungen bei der Formulierung von Zielen ist zu beachten, dass Veränderungen in aller Regel auch Nachteile mit sich bringen. Es gibt neben Gewinnern oft auch Verlierer. Veränderungsprozesse, die für alle Betroffenen nur zu Vorteilen führen, dürften in der Praxis selten sein. Bereits bei der Diskussion der Ziele tauchte die Forderung auf, dass Unternehmensentwicklung im Idealfall für alle Anspruchsgruppen einen Nutzen oder einen Mehrwert stiften sollte (vgl. Kapitel 4). Das ist im unternehmerischen Alltag nicht immer möglich. Daher ist das sorgfältige Abwägen der Ziele von Unternehmensentwicklung im Spannungsfeld von außerökonomischer Sinnfrage, wirtschaftlicher und technischer Machbarkeit sowie den Interessen der verschiedenen Anspruchsgruppen eine wichtige Aufgabe. In der jüngsten Zeit gab es verschiedene Konflikte, bei denen die Interessen der Anspruchsgruppen miteinander in Widerspruch gerieten:

- Die Diskussion um den **Shareholder Value** (Aktionärsrendite) hat gezeigt, in welche Konflikte eine unüberlegte Wahl von Zielen führen kann. Unter dem Titel Shareholder Value erfuhr die Interessengruppe der Kapitalgeber eine einseitige Bevorzugung. Diese Haltung stieß in der Öffentlichkeit auf Kritik, weil der Erfolg eines Unternehmens von der Zustimmung und der Unterstützung vieler Anspruchsgruppen abhängt.

- Ein weiteres Thema in der Diskussion um ethische Fragen in der Unternehmensentwicklung ist die **Macht großer Unternehmen** (vgl. Bakan, 2005). Größe kann aus verschiedenen Gründen für einzelne Anspruchsgruppen in der Gesellschaft nachteilig sein. Vom Standpunkt der Volkswirtschaftslehre aus gesehen führt die extreme Größe eines einzelnen Unternehmens (im Vergleich zu seinen Mitbewerbern) zu Behinderungen des Wettbewerbs und zu Effizienzverlusten. Aus diesem Grund bedürfen Unternehmenszusammenschlüsse ab einer bestimmten Größe der Zustimmung der Wettbewerbsbehörden.

- Daran schließt sich die Auseinandersetzung um die **Corporate Governance** an. Damit ist die Gestaltung der Führungsorganisation und namentlich Machtteilung und Kontrolle im Unternehmen gemeint. Gerade große Unternehmen tendieren zu einer Eigendynamik, bei der sich die Unternehmensleitung verselbstständigt und die Interessen der Anspruchsgruppen vernachlässigt. Nicht selten sehen sich selbst die Anteilseigner gezwungen, ihre Interessen mit Nachdruck zu verteidigen. Zu diesem Phänomen gehören zudem übertriebene

Ethische Fragen in der Unternehmensentwicklung

Vergütungen für die oberste Unternehmensleitung. Es ist allerdings nicht ganz einfach, eine Obergrenze für Gehälter rational und objektiv zu begründen.

- Internationale Unternehmen sind darüber hinaus wegen anderer negativer Effekte in die Kritik geraten: Sie entzögen sich der politischen Kontrolle und könnten die negativen Effekte ihrer Produktion ungehindert an Dritte auslagern. Beispiele sind das Unterlaufen von Arbeitsschutzgesetzen oder die Entsorgung giftiger Industrieabfälle in Ländern, die aus unterschiedlichen Gründen eine weniger strikte Kontrolle ausüben. Damit ist die **Umwelt- und Sozialverträglichkeit** von unternehmerischer Tätigkeit und von Unternehmensentwicklung angesprochen (vgl. Schaltegger et al., 2002). Unter dem Titel Öko-Effektivität sollte ein Unternehmen den Verbrauch natürlicher Ressourcen und die Umwelteinwirkungen seiner wirtschaftlichen Tätigkeit möglichst begrenzen. Aber auch gegenüber der Gesellschaft sind nachteilige externe Effekte der unternehmerischen Tätigkeit klein zu halten (sogenannte Sozial-Effektivität). Hier geht es um Themen wie Arbeitsschutz, Einhalten von Gesetzen, Gleichberechtigung oder die Bekämpfung von Korruption. Umwelt- und Sozialverträglichkeit sind bei der Steuerung der Wertschöpfung (Ökonomie) gleichermaßen zu berücksichtigen (Integration, vgl. Abbildung 18).

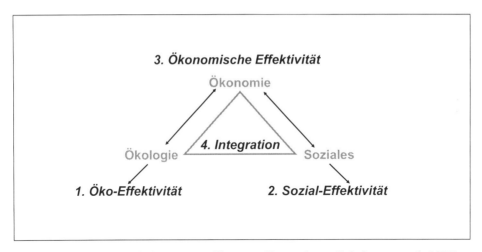

Abbildung 18: Ziele nachhaltiger Entwicklung von Unternehmen (Schaltegger et al., 2002)

Zuweilen stößt die Forderung nach Umwelt- und Sozialverträglichkeit auf Skepsis, weil sie als Wettbewerbsnachteil für Unternehmen gesehen wird. In dieser Auseinandersetzung taucht ab und zu die der Evolutionslehre entlehnte Formel vom Überleben des Stärkeren auf. Dabei sind gerade aus evolutionstheoretischer Sicht Retuschen am Bild eines gnadenlosen Wettbewerbs angebracht: „Survival of the fittest" meint nicht einfach Überleben des Stärkeren, sondern des am besten Angepassten. Zudem überleben nicht nur die am besten angepassten Lebewesen, sondern alle hinreichend angepassten. Es besteht also für die meisten Unternehmen ein viel größerer Handlungsspielraum für Umwelt- und Sozialverträglichkeit als gewisse Anleihen aus der Evolutionslehre suggerieren.

7.2 Vorgehen in der Unternehmensentwicklung

Nicht nur die Ziele, auch der Weg zu ihrer Umsetzung führt immer wieder zu ethischen Fragen. An oberster Stelle steht die Forderung, dass sich Ziele und Mittel in Bezug auf ethische Grundsätze nicht widersprechen dürfen. In der Rechtsprechung gelten schon seit langer Zeit Verfahrensgrundsätze, die unabhängig vom Inhalt die Einhaltung von ethischen Normen gewährleisten sollen.

Die Unternehmensentwicklung kann diesbezüglich auf Grundsätze des Change Management und der Organisationsentwicklung aufbauen: Das sind eine frühzeitige und offene Information aller Betroffenen, der Verzicht auf verdeckte Ziele („hidden agenda") und eine saubere Auftragsklärung sowie eine angemessene Untersuchung der Ausgangslage im Sinne der Diagnose:

Ausgewählte Grundsätze des Change Management (aus: Doppler/Lauterburg, 2005):

- Zielorientiertes Management: Ohne Führung wird die Partizipation zur „Fahrt ins Blaue"
- Keine Maßnahme ohne Diagnose: Jede Maßnahme erfordert eine genaue Lagebeurteilung
- Ganzheitliches Denken und Handeln
- Beteiligung der Betroffenen
- Hilfe zur Selbsthilfe: Sie bildet den ersten Schritt zur Selbststeuerung bzw. Selbstorganisation
- Prozessorientierte Steuerung: Rollende Planung, Bearbeitung von Widerständen
- Sorgfältige Auswahl der Schlüsselpersonen
- Lebendige Kommunikation: Keine Einweg-Information, Austausch

Selbst wer diese Grundsätze beachtet, wird immer wieder in Konfliktsituationen geraten. Diese Konflikte so zu lösen, dass alle Betroffenen zumindest Respekt für die getroffene Entscheidung aufbringen, gehört zu einem professionellen Umgang mit Konflikten. Damit ist die Auseinandersetzung zwischen sachrationalen und sozial-emotionalen Aspekten angesprochen. Unternehmen sind zweckbestimmte soziale Systeme und in diesem Sinn „sachrational". Wer aber die menschlichen Aspekte außer Acht lässt, wird die Mitarbeitenden vor den Kopf stoßen und an seinen Ansprüchen scheitern. Menschlichkeit ist allerdings mehr als einfach ein Mittel zur Zielerreichung. Das Menschenbild und die persönliche Werthaltung sind die Richtschnur für den Umgang mit Menschen und für die Menschenführung. Sie bilden letztlich eine Daseinsgrundlage, weil ohne sie gar keine Entscheidungen möglich sind.

8. Steuerung des Unternehmensentwicklungsprozesses

8.1 Wandel in Unternehmen: von der Beobachtung zum Handeln

Die Entwicklungsmodelle haben gezeigt, dass sich zwei Grundformen in der Dynamik von Unternehmen beobachten lassen, eine disruptive, ruckartige und eine stufenweise, kontinuierliche Veränderung (vgl. Abschnitt 3.7). Das vorliegende Kapitel verlangt nun gegenüber den Entwicklungsmodellen eine Verlegung des Standpunkts von der Beobachtung zu demjenigen der handelnden Personen. Von diesem Standpunkt aus betrachtet geht es vorwiegend um den geplanten Anteil von Wandel im Unternehmen, also um die Entwicklungs- und Gestaltungsaufgabe im Rahmen des Managements, wenngleich das Bewusstsein für die beschränkte Gestaltbarkeit erhalten bleiben soll.

Wandel in Organisationen lässt sich mit verschiedenen Merkmalen charakterisieren. In Ergänzung zu den beschriebenen Formen der Unternehmensdynamik unterscheidet sich Wandel als Managementaufgabe zusätzlich in seiner inhaltlichen Tiefe (vgl. Deeg, 2005; Hasenzagl, 2006; Müller-Stewens/Lechner, 2005):

- **Inkrementaler Wandel:** In der hier verwendeten Begrifflichkeit meint inkrementaler Wandel die Optimierung des Unternehmens innerhalb der bestehenden Logik. Viele Ansätze des geplanten Wandels konzentrieren sich auf diesen Typ und verfolgen zudem eher mechanistische Ansätze. Beispiele dafür sind die Einführung neuer Instrumente im Rahmen einer bestehenden Strategie oder die fortlaufende Verbesserung einzelner Geschäftsprozesse.

- **Fundamentaler Wandel (radikaler Wandel):** Ein solcher Wandel bedeutet eine umfassende und tiefgreifende Veränderung des Unternehmens und bezieht sich auf mehrere Aspekte bzw. Teilsysteme. In der Regel führt fundamentaler Wandel zu einer Änderung des Bezugsrahmens und der grundlegenden Werte einer Organisation. Dieser Typ von Wandel erfordert eine umfassende Sicht des Wandels, wenn er geplant ablaufen soll. Turnaround-Programme und das Business Process Reengineering (BPR) bezwecken einen fundamentalen Wandel des Unternehmens. Allerdings dürfte die Planbarkeit von fundamentalem Wandel deutlich engeren Grenzen unterliegen als der inkrementale Wandel. Ein Rest von Fremdbestimmung bleibt immer bestehen, wenn äußere Umstände ein Unternehmen zum Überdenken seiner Daseinsberechtigung zwingen.

- **Revolutionärer (diskontinuierlicher) und evolutionärer Wandel:** Während sich inkrementaler und fundamentaler Wandel auf die Tiefe und den Inhalt der Veränderung beziehen, beschreibt das Gegensatzpaar von evolutionärem und revolutionärem Wandel die zeitliche Dynamik. Der revolutionäre Wandel entspricht einer sprunghaften, „ruckartigen" oder diskontinuierlichen Veränderung. Der evolutionäre Wandel entspricht der Taktik der kleinen Schritte, die dem Vorgehen der Selbstentwicklung (unten) nahekommt. Evolutionärer Wandel schließt allerdings fundamentale Veränderungen nicht aus. Selbst als Folge vieler kleiner Schritte können fundamentale Veränderungen resultieren, was einer evolutionstheoretisch inspirierten Sicht von Wandel in Organisationen entspricht.

Tabelle 15: Grundlegende Formen des Wandels in Unternehmen

Grundlegende Formen von Wandel	Inkrementaler Wandel	Fundamentaler Wandel
Revolutionärer (disruptiver) Wandel	(Widerspruch bzw. rasche Veränderung in kleinen Schritten, von evolutionärem Wandel kaum zu unterscheiden)	Schnelle und grundlegende Veränderung, häufig aufgrund einer Krisensituation
Evolutionärer Wandel	Optimierung des Systems im Rahmen der bestehenden Logik mit Hilfe von kleinen Schritten (fremd- oder selbstgesteuert)	Langsame Transformation des Systems, häufig in Form der Selbstentwicklung

Die Überlegungen zur Planbarkeit von Wandel lenken die Aufmerksamkeit auf die Auslöser oder die Haltung des Unternehmens gegenüber Wandel. Ein Unternehmen kann proaktiv bzw. antizipativ Veränderungen vorwegnehmen oder sie reaktiv nachvollziehen. Die proaktive Haltung steht für Lernen und setzt eine Offenheit des Unternehmens für Innovationen voraus. Die reaktive Haltung entspricht einem Krisenmodell und geht von einer außengesteuerten Unternehmensentwicklung aus, wie das gewisse Entwicklungsmodelle postulieren. In der Wirtschaftsgeschichte und in der unternehmerischen Praxis sind beide Formen zu beobachten. Werden die Auslöser mit dem Gegensatzpaar von fundamentalem und inkrementalem Wandel kombiniert, ergeben sich folgende vier Typen von Wandel:

Tabelle 16: Typen von geplantem Wandel in Unternehmen (aus: Deeg, 2005)

Typen von geplantem Wandel	Inkrementaler Wandel	Fundamentaler Wandel
Proaktives Verhalten	Tuning: intern ausgelöst, Anpassung an erwartete Veränderungen, zudem zeitlich begrenzte Aktivitäten	Reorientation: aktiv angestrebte grundlegende Neudefinition des Unternehmens
Reaktives Verhalten	Adaptation: extern ausgelöst durch geänderte Umweltbedingungen, inkrementale, aber reaktive Veränderungen	Rekreation: Umweltveränderungen werden nur nachvollzogen, führen zu drastischen Maßnahmen, die rasch abfolgen und alle Unternehmensteile betreffen. Es sind Krisensymptome.

8.2 Aufgaben des geplanten Wandels

Die vier Formen des geplanten Wandels zeigen auf, wo die Anforderungen an das Management des Wandels liegen: Die Akteure handeln im Spannungsfeld von Außenwelt und Innenwelt, den Anforderungen des Marktes und den Möglichkeiten oder den verfügbaren Mitteln des Unternehmens. Zudem müssen sie die Vergangenheit als Erklärung für die gegenwärtige Lage des Unternehmens und die Zukunft als Vorstellung für eine gewünschte Entwicklung beachten. Diese vier Dimensionen gilt es im Auge zu behalten, ohne dass eine davon überbetont wird und die Interessen der Anspruchsgruppen außer Acht geraten.

Um diese Vermittlung zwischen außen und innen, Vergangenheit und Zukunft zu meistern, müssen die Verantwortlichen für Wandel folgende Aufgaben beherrschen:

- **Wahrnehmen der Außenwelt und der Innenwelt,** Verarbeiten von kritischen Ereignissen und schwachen Signalen, um Chancen und Risiken für das Unternehmen zu erkennen (vgl. Abschnitt 4.2). Diese Wahrnehmung fließt in das sogenannte Chancen- und Vorsorge-Management ein (vgl. Wildenmann, 2002).
- **Wahl des geeigneten Ansatzes,** um Wandel zu erzeugen (vgl. Abschnitt 8.3), und eine Einschätzung der **fördernden und hemmenden Kräfte** (vgl. Abschnitt 8.4).
- **Ausrichtung** der Unternehmensentwicklung mit Hilfe eines **Zukunftsbilds,** einer Vision, die das Handeln der Beteiligten anleitet (vgl. Abschnitt 8.6).
- **Mobilisieren der Organisation** und Schaffen eines Bewusstseinswandels, um die Veränderung gezielt vorzubereiten (vgl. Abschnitt 8.4 und 8.7). Dazu gehört nicht zuletzt die Gewinnung von einer ausreichenden Anzahl von Befürwortern eines Wandels.
- **Wahl des günstigen Zeitpunkts:** Die Wahl des günstigen Zeitpunkts und einer geeigneten zeitlichen **Abfolge der einzelnen Schritte** ist eine wesentliche Voraussetzung für den Erfolg von geplantem Wandel (vgl. Abschnitte 8.5 und 8.7).
- Zudem braucht es geeignete **Verfahren und Instrumente** für eine gezielte Steuerung des Wandels (vgl. Abschnitte 8.6 und 8.8). In diesem Zusammenhang ist allerdings vor einer Überinstrumentierung zu warnen. Gefragt sind Instrumente, die ihren Zweck erfüllen und wenig Aufwand bedingen.
- Schließlich ist eine **Verzahnung** der Unternehmensentwicklung mit den Geschäftsprozessen erforderlich (vgl. Abschnitt 8.9).

8.3 Grundlegende Ansätze der Veränderung von Unternehmen

Parallel zu den unterschiedlichen Formen des Wandels gibt es unterschiedliche Ansätze, Wandel zu erzeugen: Es ist entweder ein „rational-synoptischer" bzw. ein rational-geplanter Ansatz oder ein prozesshafter Ansatz denkbar (vgl. Perich, 1992 und Krüger, 2000).

- Der **rational-geplante Ansatz** orientiert sich an einem planvollen, von oben gesteuerten Vorgehen. Die Reorganisation oder die Restrukturierung passen zu diesem Ansatz. Er hat seine Chancen in Krisensituationen, bei einem Turnaround bzw. bei einer kurzfristigen „Business Transformation" (Rekreation) oder bei klar abgegrenzten Sachthemen, die etwa im Sinne der Adaptation als Anpassung an die Umwelt nachvollzogen werden müssen. Reaktives Verhalten verlangt eher nach planvoller und von oben gesteuerter Veränderung, weil wenig Zeit zur Verfügung steht.

- Der **prozesshafte Ansatz** setzt dagegen auf Selbststeuerung, ergebnisgestütztes Lernen und eine Veränderung in kleinen Schritten, was aber eine tiefgreifende Veränderung nicht ausschließt. Zu diesem Ansatz passen die Organisationsentwicklung und die systemische Beratung, die versucht, nicht direkt zu intervenieren, sondern die Wahrnehmung zu erweitern und damit Lernen zu ermöglichen. Gemäß dem Bild des Unternehmens als selbstorganisierendes System sollen Impulse und neue Rahmenbedingungen eigendynamische Prozesse auslösen und sie in eine gewünschte Richtung kanalisieren. Dieser Ansatz hat seine Vorzüge bei geringen Umweltturbulenzen und eignet sich vor allem für die Reorientierung, die auf eine grundlegende Änderung der Werte und Einstellungen im Unternehmen abzielt oder auf ein selbstgesteuertes Tuning als proaktive Vorwegnahme veränderter Umweltbedingungen. Sie ist für die beiden Formen des Wandels geeignet, die Eigeninitiative erfordern und langsame Veränderungen zulassen. Nach Ansicht mancher Autoren ist ein prozesshaftes Vorgehen, etwa in Form der Organisationsentwicklung oder der systemischen Beratung, besser geeignet, um tiefgreifenden Wandel zu verankern. Diese Aussage unterliegt aber Einschränkungen bei Unternehmen in Krisensituationen. Prozesshafte Ansätze, die erzieherischen Charakter annehmen und auf das Unterbewusstsein wirken, rufen zudem die Kritik der Manipulation hervor.

Die beiden Handlungsansätze sind Idealtypen und in der Praxis selten in Reinform anzutreffen. Dennoch vermitteln sie wertvolle Anhaltspunkte, wenn es darum geht, das Vorhaben und das eigene Verhalten zu reflektieren. In der Diskussion der Beratungsansätze spiegeln sich diese Handlungsansätze und entsprechen dort dem Gegensatzpaar von Fachberatung und Prozessberatung. Selbst diese Beratungsansätze werden in der Praxis häufig kombiniert (vgl. Königswieser et al., 2006). Es folgt eine Übersicht über die wichtigsten Merkmale der beiden Veränderungsansätze (vgl. Tabelle 17).

Tabelle 17: Grundlegende Ansätze des geplanten Wandels (vgl. Krüger, 2000; Perich, 1992)

Merkmale/ Ansatz	Rational-geplanter Ansatz	Prozesshafter Ansatz
Grundidee	Erheblicher Druck ist notwendig, um Wandlungsbarrieren zu überwinden.	Zu viel Wandel kann von einem System nicht verkraftet werden.
Charakteristik	Tiefgreifender, aber zeitlich begrenzter Wandel	Entwicklung in kleinen Schritten, dauerhafter Lernprozess, erreicht tiefgreifenden Wandel durch Kontinuität
	Betont sachrationale Themen	Integriert sozial-emotionale und sachrationale Themen
Transformationslogik	Synoptisches Vorgehen, einheitliche Fremdregelung, Vorgehen nach Plan	Wandel in kleinen Schritten (inkremental), vielfältige Selbstregulierung, erfahrungsgestütztes Lernen
Rolle des Managements	Architekt des Wandels/ Rationaler Planer	Prozessmoderator/ Coach
Entspricht Beratungsansatz	Fachberatung, Expertenberatung	Prozessberatung
Typische Veränderungsansätze	Restrukturierung, BPR, herkömmliche Reorganisation	Organisationsentwicklung, systemische Beratung
Geeignet für Wandel des Typs	Adaptation und Rekreation (verfügbare Zeit kurz)	Tuning und Reorientation (verfügbare Zeit lang)
Chancen	▪ Klare Trennung von Stabilität und Wandel; ▪ hohe Änderungsbereitschaft in Krisensituationen; ▪ Wandel aus einem Guss	▪ Entwicklungsrhythmus entspricht Fähigkeiten; ▪ kleine Veränderungen wirken natürlich; ▪ Erwerb von Selbstentwicklungsfähigkeiten
Risiken	▪ Begrenzte Planbarkeit; ▪ hohe Instabilität in der Wandlungsphase; ▪ schwere Einbrüche bei zu später Reaktion; ▪ Handlungsdruck begünstigt kurzfristige Verbesserungen zu Lasten langfristiger Veränderungen	▪ Ständige Unruhe; ▪ bei hoher Umweltdynamik zu langsam; ▪ fraglich, ob andauernde Diskontinuität zu verkraften ist; ▪ begrenzte Fähigkeit, sich selbst in Frage zu stellen

Zudem sind Ansatz und Typus des Wandels nicht deckungsgleich: Mit einer inkrementalen Vorgehensweise ist ebenfalls ein fundamentaler Wandel möglich, aber nicht in kurzer Zeit (vgl. oben). Deshalb erscheint die Zuordnung von rational-geplantem und prozesshaftem Ansatz zum inkrementalen bzw. fundamentalen Wandel als zu starr. Eine Differenzierung drängt sich auf: Es ist zwischen der Tiefe des Wandels (inkrementaler bzw. fundamentaler Wandel) und dem Schwerpunkt der Steuerung von Wandel zu unterscheiden. Wird der Wandel von oben gesteuert, folgt dieses Vorgehen dem rational-geplanten Ansatz. Erfolgt die Steuerung des Wandels von unten, entspricht das dem prozesshaften Ansatz. Auch wenn die breite Beteiligung der Betroffenen viel Unterstützung in der Management-Lehre genießt, gibt es keine eindeutige Rangfolge in der Brauchbarkeit der beiden Ansätze. Beide haben ihre Berechtigung in bestimmten Situationen. Diese Differenzierung führt zu folgenden Einsatzgebieten der Handlungsansätze:

Tabelle 18: Anwendungsbereiche der Ansätze auf unterschiedliche Typen von Wandel

Ansatz/Typus Wandel	Inkrementaler Wandel	Fundamentaler Wandel
Rational geplant (Steuerung von oben)	Einführung neuer Instrumente und verbindlicher Regeln, z. B. als Folge gesetzlicher Vorschriften, die eine rasche Umsetzung verlangen (entspricht Adaptation)	Turnaround in einer Krisensituation, bei der wenig Zeit zur Verfügung steht (entspricht Rekreation)
Prozesshaft (Steuerung von unten)	Kontinuierliche Verbesserung in einzelnen Prozessen und in Abteilungen des Unternehmens (entspricht Tuning)	Lernen, Kulturwandel, Paradigmenwechsel (entspricht Reorientation)

Die Wahl des Handlungsansatzes muss letztlich die Lage des einzelnen Unternehmens berücksichtigen. Zu den Kriterien, nach denen sich die Wahl des Ansatzes zu richten hat, gehört zunächst einmal die verfügbare Zeit. Zudem sind die Fähigkeiten des Unternehmens und sein Entwicklungsstand zu berücksichtigen, die wiederum bestimmt sind von der Vorgeschichte bzw. vom vorangegangenen Entwicklungspfad. Hier bieten die Phasenmodelle der Unternehmensentwicklung eine gewisse Orientierungshilfe: Bei Unternehmen in Wachstums- und Wendephasen, in denen eine größere Lücke zwischen den eigenen Fähigkeiten und den Anforderungen der Umwelt klafft, dürfte ein hoher Handlungsdruck die Wahl eines rational-geplanten Ansatzes nahelegen. In Pionierunternehmen ist die Wahl des Ansatzes eher eine Frage der Größe und der Kultur. Bei reifen Unternehmen geht es unter anderem darum, mehr Dynamik zu erzeugen, Strukturen zu vereinfachen und eine Reorientierung der Unternehmenskultur zu erreichen (vgl. Pümpin/Wunderlin, 2005). Dafür scheinen prozesshafte Ansätze geeigneter zu sein. Als Faustregel gilt: je tiefer die Veränderung, je geringer die Machtposition der Leitung, je mehr Zeit zur Verfügung steht, je größer der zu erwartende Widerstand und die emotionale Unsicherheit der Betroffenen sind, und je geringer der Informationsstand ist, desto eher empfiehlt sich ein prozesshafter Ansatz.

8.4 Umgang mit fördernden und hemmenden Kräften des Wandels

Neben der Berücksichtigung der verfügbaren Zeit und der Fähigkeiten des Unternehmens erfordert der geplante Wandel eine bewusste Auseinandersetzung mit den inneren „Kräften", die eine Veränderung begünstigen oder behindern. Sie haben ihren Ursprung im sozial-emotionalen und organisationspsychologischen Bereich. In einem einfachen Modell lassen sich die fördernden und hemmenden Kräfte wie folgt zusammenfassen (vgl. Abbildung 19): Die Unterstützung durch Betriebsangehörige, persönliche Beweggründe (Motivation) und die Übernahme von Verantwortung fördern den Wandel. Frustration, Überforderung, Widerstand durch jene Gruppen von Betriebsangehörigen, die einen Verlust befürchten, hemmen den Wandel.

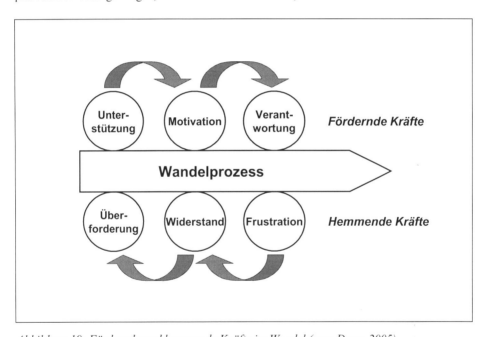

Abbildung 19: Fördernde und hemmende Kräfte im Wandel (aus: Deeg, 2005)

Hinter den hemmenden und fördernden Kräften können ganz unterschiedliche Faktoren stehen. Sie sind von der Situation des Unternehmens abhängig und haben ihre Ursache in der aktuellen Ressourcenausstattung, in den Machtverhältnissen innerhalb der Organisation, in den Fähigkeiten des Managements und in der vorherrschenden Unternehmenskultur, ferner in der Marktstellung oder im Technologie- und Produktlebenszyklus. Weil viele situative Faktoren in das Kräfteparallelogramm des Wandels hineinspielen, sind Patentrezepte für die Umsetzung von Veränderungsprogrammen kaum brauchbar, höchstens Faustregeln machen Sinn.

Es gibt allerdings Konstellationen von Faktoren, die immer wieder auftauchen (vgl. Al-Ani/Gattermeyer, 2001; Doppler/Lauterburg, 2005). Ein bekanntes Beispiel ist das **„Not-invented-here-Syndrom"**, d. h. die Abwehr fremder Ideen. Dahinter steht meist die Angst, Macht und Einfluss zu verlieren, was zu Widerstand und später zu Frustration führt. Ein weiteres Beispiel ist das **„Lock-in-Phänomen"**, das einmal getroffene Entscheidungen verstetigt und einen Wandel behindert. Zum Lock-in-Phänomen gehören hohe Einführungs- oder Installationskosten, die amortisiert werden müssen, bevor eine Revision der Entscheidung möglich ist, selbst wenn die gewählte Lösung nicht befriedigt. Lock-in-Phänome sind aus der Informatik gut bekannt. Überdies begünstigen Erfahrungskurveneffekte eine bestehende Lösung. Kurz, Lock-in entsteht, wenn die finanziellen und kognitiven Kosten für den Wandel höher erscheinen als der Verlust, der aus der fehlenden Anpassung resultiert (sog. Misfit-Kosten). Lock-in-Phänomene können allerdings dazu führen, dass ein Anpassungsstau entsteht, der später einen fundamentalen, diskontinuierlichen Wandel erfordert, um die notwendige Anpassung des Unternehmens doch noch zu gewährleisten. Eine dritte typische Konstellation von kritischen Faktoren äußert sich im **überholten Denken,** das früher einmal zu Erfolgen geführt hat und nun das Unternehmen „blind" macht. Aus Gewohnheit oder aus Anpassungsdruck stellt es niemand mehr in Frage. Überholtes Denken hält sich ebenfalls dank der Unterstützung derjenigen Akteure, die aus der Beibehaltung des alten Zustands einen Nutzen ziehen.

> **Schlüsselfragen zur Analyse der fördernden und hemmenden Kräfte (vgl. Doppler/Lauterburg, 2005 und Rosenstiel, 2007):**
>
> - Wissen: Ist bei den Betroffenen das Wissen vorhanden, den Veränderungsschritt mitzutragen? (Erkennen von Überforderung und Frustration)
>
> - Bereitschaft: Inwieweit ist bei den Betroffenen eine Veränderungsbereitschaft vorhanden? (Erkennen von Widerstand)
>
> - Folgen: Wird der Veränderungsschritt zu übermäßigen Belastungen für die Betroffenen führen? (Erkennen von Widerstand und Frustration)
>
> - Energie: Wer betrachtet das Projekt als sein eigenes, wer ist an einem Erfolg interessiert? (Erkennen von Unterstützung und Motivation)
>
> - Macht: Wer hat welchen Einfluss auf das Geschehen? Wer sind die Meinungsführenden? (Erkennen von Unterstützung)
>
> - Vernetzungen: In welches Umfeld ist das Projekt eingebettet? Wer muss einbezogen werden? (Erkennen von Möglichkeiten zur Einbindung in die Verantwortung)

Es ist Teil des Change Management und damit Aufgabe der Verantwortlichen für die Unternehmensentwicklung, die fördernden und hemmenden Kräfte eines Unternehmens einzuschätzen und ihnen mit entsprechenden Maßnahmen zu beggnen. Es ist daher ratsam, bei jeder Etappe die fördernden und hemmenden Kräfte des Vorhabens zu analysieren, etwa mit Hilfe einiger Schlüsselfragen (vgl. Darstellung oben).

Ein gekonntes Change Management versucht, die fördernden Kräfte zu verstärken und die hemmenden Kräfte abzuschwächen. Beratung, Anreize und Maßnahmen zur Vertrauensbildung stärken die fördernden Kräfte und binden Betriebsangehörige in das Veränderungsprogramm ein. Die Stärkung der Kompetenzen der Betroffenen, der glaubhafte Umgang mit Widerstand und das Aufdecken von Abwehrreaktionen tragen auf der anderen Seite dazu bei, die hemmenden Kräfte abzubauen. Ein glaubhafter Umgang mit Widerstand bedingt, dass die Verantwortlichen die Interessen der Betroffenen ernst nehmen und wenn möglich ein Stück weit befriedigen. Daher ist Konfliktmanagement (Glasl, 2004) eine wichtige Disziplin für die praktische Umsetzung von Unternehmensentwicklung.

Für die Gliederung der Ansätze und der begleitenden Maßnahmen zur Erleichterung von Wandel in Unternehmen unterscheiden Al-Ani und Gattermeyer (2001) in Anlehnung an ein Modell der Beratungsfirma Accenture eine Makro- und eine Mikroebene. Auf der Makroebene agieren die Führungskräfte, die Veränderung initiieren, überwachen und vorleben. Auf der Mikroebene befinden sich die Mitarbeitenden, die befähigt werden, Veränderungen anzunehmen und zu realisieren. Wem die Rollenbezeichnungen zu hierarchisch sind, der kann sie durch Verantwortliche und Betroffene des Wandels ersetzen, da die formale Hierarchie in Veränderungsprojekten nicht immer maßgebend ist.

Das Modell unterscheidet zusätzlich angebotsorientierte Maßnahmen, die direkt wirken sollen, und nachfrageorientierte Maßnahmen, die mehr auf Rahmenbedingungen des Wandels abzielen und vor allem hemmende Faktoren abbauen sollen (vgl. Tabelle 19). Neben den bekannten Maßnahmen zur Unterstützung des Wandels, wie Kommunikation und Beteiligung, betonen Al-Ani und Gattermeyer das Gewicht einer klar umrissenen Zukunftsvorstellung (Vision) und der Legitimation einer Veränderung durch Aufzeigen einer Krise: Wem nicht klar ist, wohin die Reise geht und weshalb ein Aufbruch überhaupt notwendig ist, der wird sich schwerlich für einen Wandel begeistern lassen.

Tabelle 19: Ansätze und Maßnahmen in Wandelprojekten (nach Al-Ani/Gattermeyer, 2001)

Ebenen/Ansätze und Maßnahmen	Direkte Maßnahmen (angebotsorientiert)	Indirekte Maßnahmen (nachfrageorientiert)
Makroebene (Verantwortliche für Wandel)	Kursbestimmung: Verantwortliche koordinieren, integrieren und unterstützen die Veränderung	Leadership: Verantwortliche leben Veränderung vor und leisten Überzeugungsarbeit
Instrumente	Leitbild und Vision sowie Projekt-/Programm-Management	Sponsoren zur Unterstützung der Veränderung finden, Legitimation der Veränderung durch Aufzeigen eines Handlungsbedarfs
Mikroebene (Betroffene des Wandels)	Befähigung: Betroffene befähigen, Veränderungen zu verwirklichen	Identifikation: Betroffenen ermöglichen, Veränderungen anzunehmen (Demotivationsfaktoren abbauen)
Instrumente	Training, Teamentwicklung, Kommunikation	Partizipation, Feedback

Die Darstellung von fördernden wie hemmenden Kräften des Wandels verdeutlicht das Gewicht arbeits- und organisationspsychologischer Themen in Veränderungsprojekten: An erster Stelle steht die Kommunikation, weil Unsicherheit in der Organisation zu Misstrauen und damit zur Blockierung von Wandel führt. An zweiter Stelle steht der Umgang mit Konflikten, weil Veränderungen meistens Gewinner und Verlierer zur Folge haben. Dabei sind weniger die tatsächlichen als vielmehr die wahrgenommenen Verluste für die Einschätzung der Veränderung entscheidend. Drittens sind Wandelprojekte mit neuen Aufträgen an bestehende Teams und häufig mit einer Zusammenstellung neuer Teams verbunden. Daher sind zur Befähigung der Betroffenen nicht nur individuelle Kompetenzen zu fördern, sondern auch gruppenpsychologische Prozesse zu gestalten. Teamentwicklung und Führung sind die Stichworte dafür (vgl. Tabelle 20).

Tabelle 20: Themen im Wandel und Bezugsebenen der Arbeits- und Organisationspsychologie

Thema des Wandels	Bezugsebene der Arbeits- und Organisationspsychologie (vgl. Schuler, 2007)
Führung und Kursbestimmung	Gruppe, Organisation
Kommunikation	Person, Gruppe, Organisation
Konflikt, Interessenausgleich	Individuum, Gruppe, (Organisation)
Befähigung: Schulung, Teamentwicklung	Individuum, Gruppe

8.5 Wahl des Zeitpunkts

Eine wichtige Erfolgsvoraussetzung, die das Parallelogramm von fördernden und hemmenden Kräften des Wandels entscheidend beeinflussen kann, ist die Wahl des günstigen Zeitpunkts für den Auftakt eines Entwicklungsvorhabens. Müßig sind die Diskussionen, ob eine Krise den Boden für eine erfolgreiche Entwicklung bereitet. Wer vorausschauend handelt, wartet nicht erst eine Krise ab, um das Unternehmen einen Schritt weiter zu bringen.

Weil Wandel eine Rechtfertigung braucht, ist es allerdings vorteilhaft, den Wandel mit einem sichtbaren Anlass in Verbindung zu bringen, um den Neubeginn symbolisch zu unterstreichen. Dieser Anlass kann aus der Außenwelt des Unternehmens kommen, zum Beispiel neue gesetzliche Vorgaben, Wandel im Wettbewerbsumfeld (Auftauchen oder Verschwinden eines Mitbewerbers) oder Vergabe von Preisen. Symbolwert haben außerdem Veränderungen in der Innenwelt, zum Beispiel Veränderungen in der Unternehmensleitung oder in den Eigentumsverhältnissen sowie Ergebnisse aus Revisionsberichten und Audits.

8.6 Die geplante Evolution

Die große Herausforderung in der Unternehmensentwicklung besteht darin, geplante oder planbare Elemente mit der Selbststeuerung und dem Lernen aus Erfahrungen zu vereinen, die in keinem Plan vorhersehbar sind. Gefragt ist letztlich eine geschickte Kombination aus Plan und Entwicklung. Diese Idee einer rollenden Planung gehört eher in den Bereich des prozesshaften Veränderungsansatzes. Dennoch wird ein vorwiegend rational-geplantes Vorgehen in der Regel Elemente der Prozesssteuerung enthalten. Auf der anderen Seite arbeitet der prozesshafte Ansatz ebenfalls mit Plänen. Eine reine Ausprägung der oben vorgestellten Ansätze verspricht in den meisten Fällen wenig Erfolg. Das Festhalten am Plan allein verhindert Lernen; der rein prozesshafte Ansatz schließt Kontrolle aus. Daher braucht es beides.

Der Königsweg ist daher die rollende Planung, die „geplante Evolution" oder das „evolutionäre Projektmanagement" (Doppler/Lauterburg, 2005; Lehmann, 2005; Otto et al., 2007). Es ist ein schrittweiser Prozess, bei dem die Verantwortlichen erst nach jedem erreichten Meilenstein die notwendigen Schritte zur Erreichung des nachfolgenden Meilensteins planen. Dieses Vorgehen lehnt sich eng an das evolutionäre Entwicklungsmodell an (vgl. Abschnitt 3.6).

In der Praxis werden die wichtigsten Umsetzungsschritte oder Phasen grob geplant. Nach jeder Phase erfolgt eine Auswertung der Ergebnisse und der möglichen nächsten Schritte. Evolutionäres Projektmanagement prüft jede Veränderung auf Chancen und Risiken und leitet entsprechende Reaktionen ein. Das führt zu einem zirkulären Verlauf, bei dem spätestens nach jedem Meilenstein die Ziele hinterfragt und neue Aufgaben definiert werden (vgl. Abbildung 20). Statt fest umrissener Ziele werden Zielkorridore festgelegt. Weil sich oft die

Ausgangsbedingungen während des Projektverlaufs ändern, ist die erfolgreiche Anpassung und nicht der ursprüngliche Plan das Erfolgskriterium eines Projekts.

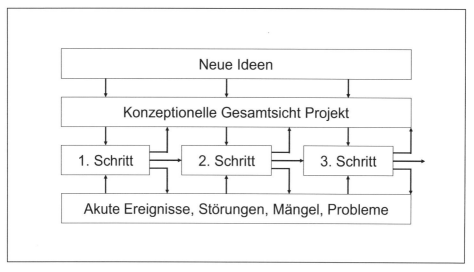

Abbildung 20: Prinzip der geplanten Evolution in Projekten (nach Lehmann, 2005)

Rollende Planung bedeutet aber keineswegs ein planloses „Durchwursteln" („muddling-through"), das zuweilen als „Inkrementalismus" gebrandmarkt wird, sozusagen als schädliche Extremform des prozesshaften Ansatzes. Je mehr Lernen und Selbststeuerung betont werden, desto wichtiger wird ein klar umrissenes Zukunftsbild, die „Vision", die nebst den internen Spielregeln zur Richtschnur des Handelns werden sollte. Die geplante Evolution benötigt einen Rahmen, damit sie nicht zum Handeln im luftleeren Raum verkommt. Dafür bestehen unterschiedliche Möglichkeiten (vgl. Mintzberg, 1991): Im Sinne einer „Schirmstrategie" kann die Unternehmensleitung weite Vorgaben setzen, zum Beispiel Marktziele oder die Wahl der Technologie, und die Ausarbeitung der Einzelheiten den beteiligten Projektteams überlassen. Oder die Auftraggeber steuern die Entwicklung über die Bestimmung der Spielregeln, der Methoden und der Personen. Diese zweite Variante liegt sehr viel näher beim rein prozesshaften Ansatz. Mit dem Vorgehen der rollenden Planung verwandt ist der „logische Inkrementalismus", bei dem Handlungen und Ereignisse in absichtsvoller und rationaler Form zu bewussten Strategien verdichtet werden. Diesem Vorgehen räumen einzelne Autoren insgesamt eine größere Brauchbarkeit ein als der von oben geplanten Entwicklung.

8.7 Phasen und Abfolgen in Veränderungsprojekten

Ungeachtet der rollenden Planung lassen sich idealtypische Phasen im Ablauf einzelner Projekte der Unternehmensentwicklung identifizieren. Wie bei den Entwicklungsmodellen (vgl. Kapitel 3) gibt es für Projekte ebenfalls unterschiedliche Phasenmodelle. Auch sie sind eher als Orientierungshilfe denn als feste Vorgabe zu verstehen. Da bestehen zum einen technisch inspirierte Modelle (Haberfellner et al., 2002), die zum Beispiel die Phasen Anstoß, Vorstudie, Hauptstudie, Detailstudie, Systembau, Einführung und Abschluss unterscheiden; sie folgen der Logik Planung – Ausführung – Kontrolle. Zum anderen gibt es verschiedene Phasenmodelle aus dem Change Management, die einer eher prozesshaften Logik folgen (Doppler/Lauterburg, 2005; Kaune, 2004; Krüger, 2000; Trebesch, 1994). Wichtiger als die Aufgliederung und die Bezeichnung der einzelnen Phasen ist die Beachtung gewisser Gestaltungsregeln, die sich in der Abfolge der Phasen spiegeln:

- Erstens sind eine gründliche und umfassende **Auftragsklärung** sowie das Projekt-Setup, das Bestimmen der Projektziele und das Aufsetzen der Projektorganisation, wichtige Voraussetzungen für den späteren Projekterfolg. Des Setup schließt einen geeigneten Einbezug der Betroffenen mit ein. Das ist bereits zu diesem Zeitpunkt zu klären.

- Zweitens ist die Organisation auf den **Wandel vorzubereiten.** Wer eine Organisation vor vollendete Tatsachen stellt, verfolgt eine „Bombenwurf-Strategie", was selten zum Erfolg führt. Eine intensive Kommunikation, ein frühzeitiger Einbezug der Betroffenen und allenfalls gezielte Schulungen sind dagegen unverzichtbar, um die Wandlungsbereitschaft zu erhöhen und das Kräftegleichgewicht zugunsten eines Wandels zu verschieben (vgl. Abschnitt 8.4).

- Drittens sind keine Maßnahmen zu entscheiden ohne eine entsprechende **Untersuchung** des gegenwärtigen Zustands und seiner stützenden Faktoren. An diesem Punkt kommt die psychologisch orientierte Organisationsdiagnose ins Spiel (vgl. Abschnitt 4.4). Der passende Leitsatz lautet hier: „Keine Maßnahme ohne Diagnose!". Die Diagnose ist darüber hinaus selbst ein Mittel, um die Mitarbeitenden am Wandel zu beteiligen.

- Viertens ist der **Umsetzungsphase** genügend Zeit einzuräumen, damit nicht zuletzt die Beteiligung der Betroffenen ihren angemessenen Platz im Ablauf hat. Die Maßnahmen sollten sich zudem auf die Ergebnisse der Organisationsdiagnose (vgl. oben) stützen, damit nicht die Diagnose als Selbstzweck erlebt wird und die Betroffenen dem Projekt ihre Unterstützung versagen. Es gilt also auch die umgekehrte Formulierung des Leitsatzes aus der Organisationsdiagnose: „Keine Diagnose ohne Maßnahme!".

- Fünftens sind die Umsetzung des Projekts auszuwerten und gegebenenfalls **Korrekturen** einzuleiten. Der Erhalt der neuen Lösung verdient ebenfalls Aufmerksamkeit, um einen Rückfall in alte Verhaltensmuster zu verhindern.

Diese fünf Gestaltungsregeln beziehen sich auf Phasen-Modelle von Veränderungsprojekten. Zwei seien hier exemplarisch und in stark vereinfachter Form vorgestellt (vgl. Tabelle 21). Das eine Modell legt mehr Gewicht auf die Diagnose und die Planung, während das andere der Mobilisierung eine eigene Phase einräumt. Die starre Abgrenzung einzelner Phasen gilt heute bereits als überholt, vor allem wenn es sich um ein ganzes Veränderungsprogramm handelt, das aus mehreren Projekten besteht. In diesen Fällen überlagern sich häufig die Phasen der einzelnen Projekte, so dass das Bild einer Spirale von Beobachtung, Intervention und Auswertung entsteht. Das entspricht im Wesentlichen dem systemischen Ansatz zur Veränderung.

Tabelle 21: Beispiele von Phasenmodellen für Veränderungsprojekte

Modell 1	(Kaune, 2004)	Modell 2	(Krüger, 2000/2009)
Auftragsphase	Ziel: Auftrag geklärt und erteilt; mit formalen und informalen Aspekten	I: Initialisierung	Wandlungsbedarf feststellen/ Wandlungsträger aktivieren
Diagnosephase	Ziel: gemeinsame Problemsicht mit Hypothesenbildung zu möglichen Lösungen	II: Konzipieren	Wandlungsziele festlegen/ Maßnahmen-Programm entwickeln
Planungsphase	Ziel: Maßnahmen gestalten auf der Grundlage der Hypothesen	III: Mobilisieren	Wandlungskonzept kommunizieren/ Bedingungen für Wandel schaffen
Umsetzungsphase	Ziel: Maßnahmen umsetzen auf der Grundlage der Planung	IV: Umsetzung	Prioritäre Vorhaben durchführen/ Folgeprojekte durchführen
Auswertungsphase	Überprüfen der Ziele, ggf. rollende Abfolge, bei der sich Umsetzung und Auswertung abwechseln	V: Verstetigung	Wandlungsergebnisse verankern/ Wandlungsbereitschaft und -fähigkeit sichern

8.8 Programm-Management

Unternehmensentwicklungsprozesse sind vielschichtig und komplex. Ein fundamentaler Wandel umfasst in der Regel mehrere Aspekte der Veränderung und betrifft alle Teilsysteme des Unternehmens (Strategie, Kultur, Strukturen). Es wäre daher unangemessen, derart weitreichende Entwicklungsprozesse in einem einzigen Projekt bearbeiten zu wollen. Vielmehr sind die unterschiedlichen Aspekte des angestrebten Entwicklungsprozesses zum Ziel einzelner Projekte zu machen, die in einem sogenannten Programm vereinigt sind (Dobiéy/ Köplin/Mach, 2004; Krüger, 2000; Lehmann, 2005). Das erlaubt eine rollende Planung und eine zeitliche Staffelung der einzelnen Projekte. Die Steuerung des Wandels erfolgt so gesehen mit Hilfe eines Managements durch Projekte.

Der Begriff „Programm" hat sich eingebürgert für eine zusammengehörige Folge von Projekten, die mit Hilfe eines stringenten Projektmanagements zusammengehalten werden. Der Aufbau des Programms folgt einem hierarchischen Vorgehen, bei dem auf der Grundlage von Soll-Vorstellungen (Zukunftsbild, Vision) Teilaspekte, Teilziele und einzelne Verfahren festgelegt werden, die anschließend in Aufträge für einzelne Projekte münden. Das Programm-Management hat den großen Vorteil, dass es erlaubt, die Komplexität zu reduzieren und gleichzeitig Projekte mit unterschiedlichen Ansätzen unter einer Steuerung zu vereinigen. So ist es zum Beispiel denkbar, betriebswirtschaftliche Instrumente mit einem eher sachrationalen Ansatz einzuführen, denen ein eher prozessorientiertes Projekt zur Definition von neuen Führungsgrundsätzen vorausgegangen ist.

Die Idee der rollenden Planung ist besonders auf der Ebene des Programm-Managements geeignet, weil sich auf diese Weise Projekte von großer Tragweite gezielt und mit Blick auf den aktuellen Stand der Arbeiten steuern lassen. Die Erfahrungen aus laufenden Projekten fließen in die Planung und Initiierung der künftigen Projekte ein. Es ist dann gut möglich, dass die Programmleitung beschließt, abweichend von den ursprünglichen Plänen Projekte zu verschieben, abzuändern oder die zeitliche Abfolge der geplanten Projekte anzupassen. Die Steuerung der Projekte und des gesamten Programms sollte sich auf kritische Erfolgsfaktoren stützen, die als wesentliche Einflussgrößen den Erfolg des gesamten Programms ausmachen. Zusammen mit der Vision bilden sie die Messlatte für die Programmsteuerung.

Im Alltag erfolgt die Abstimmung im Programm durch die Vermaschung der einzelnen Projektleitungen, der Programmleitung und der Lenkungsausschüsse, das heißt der Programmaufsicht. Mitglieder des Lenkungsausschusses nehmen zum Beispiel regelmäßig an den Sitzungen des Programmteams teil, das aus der Programmleitung und den einzelnen Projektleiterinnen oder Projektleitern besteht. Die Programmleitung hat dabei sowohl vertikales Schnittstellenmanagement (Verbinden der Hierarchien) als auch horizontales Schnittstellenmanagement (Verbinden der Themen und Projekte) zu leisten. Insgesamt gibt es bei der Steuerung des Unternehmensentwicklungsprozesses eine Hierarchie (vgl. Abbildung 21):

- Die Unternehmensleitung steuert die Unternehmensentwicklung durch Projekte,
- die Programmleitung und der Lenkungsausschuss **steuern das Projektportfolio** und
- die Projektverantwortlichen steuern ihre **einzelnen Projekte.**

Auf jeder Ebene ist dabei eine andere Form des Wissens gefragt. Die Unternehmensleitung benötigt Strategiewissen, die Programmleitung Integrationswissen und die Projektleitungen ein gewisses Maß an Fachwissen.

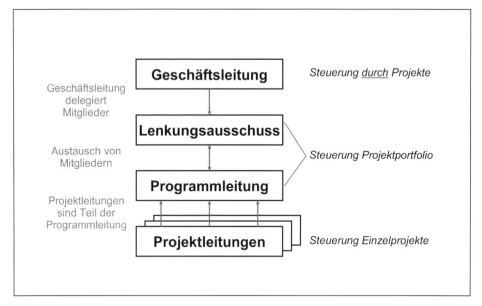

Abbildung 21: Vermaschung und Rollen im Programm-Management (nach Krüger, 2000)

8.9 Einbettung der Unternehmensentwicklung in den Geschäftsalltag

Unternehmensentwicklung darf keine „esoterische" Veranstaltung sein, die fernab vom Geschäftsalltag stattfindet. Die Verantwortlichen sollten wichtige Trägerthemen oder Einflussbereiche festlegen, die attraktiv sind und deren Nutzen für das Tagesgeschäft nachvollziehbar ist (vgl. Glazinski, 2004). Geeignet sind ferner Pilotprojekte in einzelnen Einheiten, um die Absichten der Unternehmensentwicklung auf die Mikroebene zu bringen.

Ebenfalls sinnvoll ist es, die Unternehmensentwicklung in den Managementregelkreis einzubeziehen. Das kann etwa im Rahmen der Unternehmensplanung (vgl. Abschnitt 10.4) oder in Form einer „Roadmap" geschehen, welche die Unternehmensleitung periodisch überprüft. Bekannt aus der Politik sind ferner Legislaturpläne, die sich für die Aufnahme von Entwicklungszielen gut eignen. An diesen Management-Kreislauf schließt sich im Idealfall der Innovationskreislauf an, in dem die Verantwortlichen im Sinne der rollenden Planung Innovationsimpulse und deren Umsetzung übernehmen. Ein Unternehmensentwicklungsprogramm ist meistens funktionsübergreifend und integriert die Neuausrichtung von Organisation, Prozessen, Produkten und Leistungen im Hinblick auf die Vision.

9. Rollen und Personen in der Unternehmensentwicklung

9.1 Die Stellung der Unternehmensleitung

Die Verteilung der Aufgaben in der Unternehmensentwicklung auf die Angehörigen eines Unternehmens bewegt sich zwischen zwei Extrempositionen, die in etwa mit den beiden Handlungsansätzen der Veränderung (vgl. Abschnitt 8.3) übereinstimmen. Auf der einen Seite steht der direktive Ansatz, bei dem alle Impulse zur Entwicklung von der Unternehmensleitung ausgehen. Sie ist auch für die Steuerung des Prozesses verantwortlich. Auf der anderen Seite steht der partizipative Ansatz, der auf Entwicklung durch selbstgesteuertes Lernen aller Betroffenen im Betrieb setzt. Diese Sicht entspricht dem prozesshaften Ansatz.

Die starke Betonung der Unternehmensleitung ist der ältere, traditionelle Ansatz und lässt sich beispielsweise auf Schumpeters Bild des Unternehmers zurückführen, der neuartige Faktorkombinationen in der Wirtschaft durchsetzt (Schumpeter, 1934). Die restlichen Angehörigen eines Betriebs verlieren sich im Dunkel des Tagesgeschäfts. Noch heute erhält das „Management" oder die oberste Leitung die Aufgabe zugewiesen, die Entwicklung des Unternehmens zu initiieren und zu steuern. Je nach Entwicklungsstadium und Größe des Unternehmens besitzt diese Sicht eine gewisse Berechtigung. Bei jungen Unternehmen in der Pionierphase (Start-ups) oder in kleinen Betrieben kommt der Leitung ohne Zweifel eine zentrale Rolle zu, weil von ihr die Initiative ausgeht. In Turnaround-Situationen (Wendephase) ist vermutlich ein direktiver Ansatz zweckmäßig. In anderen Fällen verspricht er wenig Erfolg. Der partizipative Ansatz ist in kleineren Unternehmen oder Start-ups brauchbar, die wie kleine Teams funktionieren (zum Beispiel: Gemeinschaftspraxen oder Anwaltskanzleien).

9.2 Erweiterung des Blickfelds

Generell hat sich mit dem Aufkommen neuerer Ansätze in der Managementlehre, die auf sozialpsychologischen Erkenntnissen und der Systemtheorie beruhen, die Bedeutung der Unternehmensleitung relativiert. Aus systemtheoretischer Sicht ist das „Management" oder die Unternehmensleitung ein kognitiv begrenzter, politischer Akteur, dessen Einfluss sich mit einer Menge anderer interner und externer Faktoren vergleichen lassen muss. Bei der Formulierung und Umsetzung von Strategien muss der Unternehmensleitung nicht einmal eine tragende Rolle zukommen. Sie kann „emergente Strategien" (Mintzberg, 1991), die sich aus einzelnen Geschäftsbereichen entwickeln, auch einfach nur nachträglich übernehmen und durchsetzen.

Mittlerweile wird Unternehmensentwicklung als ein hierarchieübergreifender Prozess verstanden, an dem vielleicht nicht alle Unternehmensangehörigen, aber zusätzlich zur Unternehmensspitze doch wichtige Gruppen beteiligt sind. Dazu gehören vor allem die Führungskräfte der mittleren Ebene, das „Middle Management", das aufgrund seines Irritationspotenzials eine deutlich stärkere Beachtung verdient.

Die Aufstellung der einzelnen Gruppen bei der Entwicklung eines Unternehmens gleicht damit mehr einer politischen „Arena", in der sich Akteure mit unterschiedlichen Interessen und Ressourcen bewegen. In einer groben Annäherung lassen sich dabei Befürworter und Gegner eines Wandels sowie Indifferente unterscheiden. In dieser Arena besitzt die Unternehmensleitung zweifellos ein hohes Gewicht, weil ihre Mittel und ihre Legitimation es ihr erlauben, ihre Interessen mit Nachdruck zu vertreten.

Die Angehörigen der mittleren Führungsebene leiten ihren Einfluss aus ihrem Fachwissen und ihrer Rolle bei der Steuerung der einzelnen Geschäftsprozesse ab. In ihrem Verantwortungsbereich vollzieht sich die Wertschöpfung oder werden wichtige Unterstützungsleistungen bereitgestellt (etwa in der Personalabteilung). Sie sind es, die letztlich die Einführung von neuen Produkten oder Verfahren direkt verantworten und durch ihr Vorbild den Wandel in die Organisation hinaustragen.

In dieser Arena sind ebenfalls spezifische „Change Agents" vertreten (vgl. Deeg, 2005). Sie zeichnen sich durch eine aktive Unterstützung des Wandels aus und können die Rolle eines Katalysators (Auslösers), eines Promotors (Förderers), eines Moderators oder Konfliktmanagers einnehmen. Im weiteren Sinn kann jeder Angehörige einer Organisation sogar spontan die Rolle eines Change Agent einnehmen. Im engeren Sinn sind es aber interne oder externe Beraterinnen und Berater, die sich auf einen ausdrücklichen Auftrag berufen können. Zu den Change Agents gehören die Verantwortlichen in den Programm- und Projektleitungen.

In diesem Zusammenhang ist zusätzlich die Rolle einzelner Protagonisten zu erwähnen. Es gibt eine informelle Hierarchie in Betrieben, die es Einzelpersonen ermöglicht, außerhalb ihrer formalen Rolle erheblichen Einfluss auf die Entwicklung eines Unternehmens auszuüben. Es ist Bestandteil der Vorbereitung, diese Personen zu identifizieren und in geeigneter Weise in den Unternehmensentwicklungsprozess einzubinden.

9.3 Einzelne Rollen und Positionen

Das Bild der Arena hilft dabei, eine Vorstellung von den zuweilen langwierigen Aushandlungsprozessen bei der Steuerung eines Unternehmens und seiner Entwicklung zu gewinnen. Dennoch ist es möglich, einzelnen Gruppen klare Rollenprofile zuzuweisen:

- Die **Unternehmensleitung** legt den Rahmen fest und überwacht die Entwicklung des Unternehmens als Ganzes. Selbst wenn sie das Zukunftsbild, die Vision, nicht alleine erarbeitet hat, so ist sie doch für seine Inhalte und für seine Beachtung im Unternehmen verantwortlich. Sie legt ebenfalls die Spielregeln und die Aufträge für das Programm-Management und einzelne Wandelprojekte fest. Und drittens verschafft die Unternehmensleitung durch ihr Bekenntnis dem Wandel die notwendige Rechtfertigung.
- Die **Führungskräfte der mittleren Ebene** spielen vor allem in der Leitung einzelner Projekte und bei der Umsetzung von Maßnahmen eine steuernde oder unterstützende Rolle. Sie können aber direkt mit Aufgaben von Change Agents betraut sein, indem sie den Wandel propagieren oder als Multiplikatoren für neue Konzepte und Ideen auftreten.
- **Spezialisierte Stäbe mit internen Beraterinnen und Beratern:** Sie übernehmen eine Unterstützungsfunktion, indem sie geeignete Instrumente und Verfahren auf unterschiedlichen Stufen bereitstellen. Sie haben teilweise die Funktion von Moderatoren oder Coaches. Ihre Unterstützung bieten sie entweder einzelnen Führungskräften in der Linie oder den Projekt- und Programmverantwortlichen an.
- **Externe Beraterinnen und Berater:** Sie übernehmen eine ähnliche Rolle wie die internen Beraterinnen und Berater. Sie kommen dann zum Zug, wenn den Internen die Expertise oder die Akzeptanz fehlt. Der zweite Grund dürfte vermutlich häufiger ausschlaggebend für den Beizug externer Unterstützung sein. So ist es zum Beispiel empfehlenswert, gewisse Untersuchungen im Unternehmen (Organisationsdiagnose) zur Vermeidung von Betriebsblindheit und zur Gewährleistung der Vertraulichkeit externen Fachleuten zu übertragen.
- **Verantwortliche des Programm-Managements (bzw. Strategiegruppe):** Das ist die Kerngruppe der Personen, die den Unternehmensentwicklungsprozess steuern und direkt umsetzen (vgl. Abschnitt 8.8). Sie stammen meistens aus dem mittleren Kader oder den Stäben. Zur Besetzung der einzelnen Positionen im Programm-Management lässt sich sagen (vgl. Krüger, 2000): In den Lenkungsausschüssen, d. h. der Aufsicht über das Programm, sitzen Angehörige der obersten Unternehmensleitung (Geschäftsleitung, Vorstand). In der Programmleitung sitzen Führungskräfte der zweiten Hierarchiestufe zusammen mit den Leitungen der einzelnen Projekte, die je nach Thema mit Personen aus Linie und Stäben besetzt sind. Diese Aussagen gelten für Großbetriebe, in kleineren Unternehmen ist ein Kernteam aus den entsprechenden Fachleuten und der Leitung empfehlenswert. Hier bietet sich das Hinzuziehen von Personen aus einzelnen Unternehmensfunktionen an, zum Beispiel aus Produktion, Vertrieb, Marketing, Personal oder Finanzen.

9.4 Betriebliche Einzelfunktionen in der Unternehmensentwicklung

In den letzten Jahren entstanden in größeren Unternehmen besondere **Abteilungen für Unternehmensentwicklung,** deren Schwerpunkte allerdings in sehr unterschiedlichen Bereichen liegen. Neben der allgemeinen Strategieentwicklung sind Themen wie Fusionen und Übernahmen (Mergers & Acquisitions), Entwicklung von Standorten im Ausland und Marktentwicklung bis hin zum „Business Development" (Geschäftsentwicklung, Verkaufsförderung) verbreitet. Grundsätzlich nehmen diese Abteilungen Stabsfunktionen wahr oder entsprechen einer Stabs-Projektorganisation, bei der die Leitung von Projekten oder Programmen in einem speziellen Projektstab vereinigt ist, der keine Aufgaben im Tagesgeschäft wahrnimmt. Es handelt sich hier um das Muster einer Konzentration der Kräfte.

Die Wahl der Form hängt von den einzelnen Umständen und der Größe des Unternehmens ab. Wird Unternehmensentwicklung als Verbindung von Innen- und Außensicht verstanden, dann müsste nicht nur die Geschäfts- oder Marktentwicklung, sondern auch die Entwicklung nach innen, die Entwicklung von Verfahren, Strukturen und Instrumenten – kurz: die Themen, die gemeinhin als innere Unternehmensentwicklung bezeichnet werden – zu den Aufgaben dieser Abteilungen gehören. Unternehmensentwicklung ist allerdings eine Aufgabe, die alle Angehörigen eines Unternehmens betrifft und die einer Unterstützung der obersten Unternehmensleitung bedarf. Sie lässt sich nicht an eine spezialisierte Organisationseinheit delegieren.

Das führt schließlich zur Frage, welchen Beitrag die Fachabteilungen der einzelnen Unternehmensfunktionen zur Unternehmensentwicklung leisten sollen. Hier zeichnet sich folgende Skizze einer Aufgabenteilung ab: Einheiten, die direkt für Geschäftsprozesse oder die Wertschöpfung verantwortlich sind, sollten vorwiegend über Projekte zur Verbesserung oder Erneuerung ihrer Leistungen bzw. Produkte und Verfahren in die Unternehmensentwicklung eingebunden sein. Das ist der Kern der Unternehmensentwicklung.

Facheinheiten wie das Marketing, die Finanzen, das Personal oder die Informatik leisten Unterstützung mit entsprechenden Instrumenten und Fachwissen. Marketing und Finanzen liefern Zielvorstellungen, Pläne und Steuerungsinformationen aus ihrem Wirkungskreis. Vor allem das Marketing betont zwangsläufig eine Außensicht. Personal und Informatik befähigen außerdem die Mitarbeitenden, die beabsichtigten Neuerungen zu verwirklichen. Bezweckt etwa ein Entwicklungsprogramm die Bildung flexibler und autonomer Einheiten, dann erfordert das eine Verbreitung von Führungs- und Management-Know-how im ganzen Unternehmen. Dem haben die Management-Development-Programme der Personalabteilung Rechnung zu tragen.

10. Instrumente der Unternehmensentwicklung: Ein Überblick

10.1 Schwerpunkt dieses Abschnitts

Unternehmensentwicklung stützt sich im Alltag auf praktische Instrumente, die in letzter Konsequenz zur Ausschöpfung von Chancen oder zur Vermeidung von Risiken beitragen. Darin liegt ihre Zukunfts- oder Entwicklungsorientierung. Diese Instrumente können sich auf ein genau bestimmtes Anwendungsgebiet beziehen oder im gesamten Unternehmen anwendbar sein. Ohne praxistaugliche Instrumente bleibt Unternehmensentwicklung nur ein schöner Gedanke.

Der vorliegende Abschnitt stellt ausgewählte Instrumente vor, die besonders dem dynamischen Aspekt von Unternehmensführung gerecht werden. Weil aber Instrumente wechseln und zum Teil von Managementmoden abhängen, möchte dieser Abschnitt zeigen, wie sich Instrumente der Unternehmensentwicklung einordnen und beurteilen lassen. Instrumente sind in diesem Zusammenhang als einzelne, anwendungsbezogene Hilfsmittel zu verstehen, die meistens mit einem bestimmten Vorgehen (Methode) verknüpft sind. Davon grenzen sich die allgemeineren Managementkonzepte ab, die normative Vorstellungen über Management und eine ausgewählte Sicht des Unternehmens präsentieren.

Worum es in diesem Kapitel jedoch nicht gehen kann, ist, die Fülle betriebswirtschaftlicher Instrumente zu beschreiben, die alle dafür entwickelt wurden, in der einen oder anderen Form die Steuerung eines Unternehmens im Hinblick auf seine Zweckbestimmung zu erleichtern. Dafür sind spezielle Übersichtsdarstellungen (zum Beispiel: Simon, 2002; Dearlove, 2003 oder Völker, 2008) geeigneter. Einen Einstieg ins Thema vermitteln zudem allgemeine Einführungen in die Betriebswirtschaftslehre (zum Beispiel: Paul, 2007; Vahs/Schäfer-Kunz, 2007). Für eine vertiefte Beschreibung der zahlreichen Instrumente und Ansätze der Strategieentwicklung sei ebenfalls auf die einschlägige Literatur verwiesen (zum Beispiel Hinterhuber, 2004; Lombriser/Abplanalp, 2005 oder Müller-Stewens/Lechner, 2005).

10.2 Kriterien zur Einordnung von Instrumenten

Bevor es um die Beurteilung von Instrumenten geht, soll eine Reihe von Merkmalen die Einordnung von Instrumenten erleichtern. Es kann von einer Typologie gesprochen werden, die mehrere Merkmale in sich vereinigt:

- **Bereiche des Unternehmens,** auf deren Veränderung die Instrumente abzielen: Diese Darstellung folgt dem St. Galler Management-Modell mit den Teilsystemen Strategie, Kultur und Strukturen (vgl. Abschnitt 2.9). Verwandt ist die Unterscheidung in strategische und operative Instrumente, die auf die langfristige Sicherung des Unternehmens oder auf das Einhalten kurzfristiger Umsatz- und Ertragsvorgaben abzielen. Da aber Unternehmensentwicklung eine strategische Aufgabe ist, und die sogenannte operative Unternehmensentwicklung treffender mit Umsetzung im Alltag umschrieben wird, macht diese Unterscheidung hier wenig Sinn.
- **Betonung sach-rationaler oder sozial-emotionaler Aspekte:** Hier geht es darum, ob Instrumente eher auf der Ebene der Einstellungen, Gefühle und Beziehungen oder auf der Sachebene wirken (vgl. Röhrle, 1990).
- **Innen- und Außenperspektive:** Hier geht es um die Beurteilung, ob Instrumente tendenziell auf eine Veränderung der Beziehungen mit der Umwelt oder auf einen Wandel in der Binnenorganisation eines Unternehmens abzielen.
- **Bezugsebenen (Eingriffstiefe):** Die Sozialpsychologie kennt die Ebenen Einzelperson (Individuum), Gruppen (oder Abteilungen), das Unternehmen als Ganzes sowie als vierte Ebene die Umwelt des Unternehmens (Doppler/Lauterburg, 2005; Schuler, 2007), in denen bestimmte Instrumente wirken sollen. Geläufig ist ferner die Unterscheidung zwischen globalem und lokalem Ansatz oder Makro- und Mikroebene. Die Bezugsebenen der Sozialpsychologie sind allerdings differenzierter und ihre Bezeichnung ist selbsterklärend.
- **Handlungsansätze im Wandel:** Damit ist die Eignung von Instrumenten für einen rational-geplanten oder prozesshaften Veränderungsansatz gemeint (vgl. Abschnitt 8.3).
- **Entwicklungsphasen** und **Größe** von Unternehmen: Viele Instrumente sind für Großunternehmen gedacht oder betonen einen bestimmten Aspekt im Rahmen einer Wachstums- oder Konsolidierungsphase.
- **Funktion im Regelkreis der Führung** oder der Steuerung: Analyse, Zielbildung, Umsetzung und Überwachung, vergleichbar mit dem PDCA-Regelkreis.

Für die vorliegende Typologie stehen erstens die **Teilsysteme des Unternehmens,** der Strategie, Strukturen und Kultur, im Vordergrund. Mit dem Einbezug der Unternehmenskultur sind der sozial-emotionale und wertebezogene Aspekt von Veränderung für eine Übersicht angemessen berücksichtigt. Zweitens spielt die Eingriffstiefe oder **Bezugsebene** eine Rolle. Es gibt zahlreiche Instrumente, die sich auf das Individuum beziehen, andere wiederum sind nur für das gesamte Unternehmen und/oder auf einzelne Gruppen bzw. Abteilungen anwendbar. Drittens ist eine Klärung erforderlich, ob Instrumente auf die **Außenbeziehungen oder die Binnenorganisation** des Unternehmens wirken, da das eine zentrale Dimension der Unternehmensentwicklung darstellt. In Einzelfällen ist viertens eine Differenzierung von Instrumenten nach **Größe oder Wachstumsphasen** erforderlich. Das ist hauptsächlich bei Instrumenten im Bereich Strukturen der Fall, da Unternehmen unterschiedlicher Größe und strategischer Ausrichtung auch unterschiedliche Instrumente benötigen.

10.3 Kriterien zur Bewertung von Instrumenten

Neben der inhaltlichen Einordnung der Instrumente besteht die Möglichkeit, Instrumente im Hinblick auf Ihre Eignung zu bewerten. Als Erstes sind die betriebswirtschaftlichen Kriterien von Aufwand und Ertrag oder besser **Aufwand und Wirkung** zu nennen. Während der Aufwand noch einigermaßen abzuschätzen ist, lässt sich die Wirkung zahlreicher Maßnahmen nur mit kostspieligen Studien nachweisen. Noch schwerer ist die Abschätzung der Wirkung im Voraus. Die Frage nach Ertrag oder Wirkung von Veränderungsmaßnahmen führt schließlich zur Evaluationsforschung, die sich als eigenes Anwendungsgebiet der Sozialwissenschaften etabliert hat (vgl. Stockmann, 2006). Sie liefert ausgefeilte Bewertungsinstrumente, die allerdings mit methodischem und finanziellem Aufwand verbunden sind.

Weitere Kriterien zur Bewertung von Instrumenten sind die Verträglichkeit mit der bestehenden **Unternehmenskultur** und die Motive, die hinter dem jeweiligen Instrument stehen. Hier ist in der Regel nur eine qualitative Beurteilung möglich, die auf einen inhaltlichen Vergleich zwischen den Instrumenten und der vorherrschenden Kultur des Unternehmens abstellt. Schließlich kann die **organisationale Energie** zur Bewertung herbeigezogen werden. Organisationale Energie wird verstanden als Kraft, im Unternehmen zielgerichtet Dinge bewegen zu können; sie ist ein facettenreiches Konstrukt (vgl. Raisch/Probst/Gomez, 2007). Es stellt sich die Frage, wie gut eine Organisation Veränderungen aufnehmen und verwirklichen kann. Zu komplexe Instrumente überfordern eine bisher unbewegliche Organisation. Die Einschätzung der organisationalen Energie liefert einen Anhaltspunkt für die Machbarkeit von einzelnen Veränderungsvorhaben.

10.4 Instrumente im Teilsystem Strategie

Die Formulierung von Strategien und die Reorientierung des Unternehmens stützen sich in der Regel auf differenzierte Analysen, die ihrerseits eine mehr oder weniger breite Datengrundlage erfordern. Das gilt sowohl für die Formulierung von Top-down-Strategien auf Geschäftsleitungsebene als auch für die Überprüfung und Bewertung (Validierung) von emergenten Strategien, die im Betrieb entstanden sind und später verallgemeinert werden. Als erstes sind daher eine Reihe von Mess- und Informationssystemen zu nennen. Sie schaffen Klarheit zur Lage des Unternehmens und sie sind in der Regel ein Impuls zur Veränderung in der Organisation. Auf die Organisation können neue Mess- und Informationssysteme eine ähnliche psychologische Wirkung entfalten wie die Organisationsdiagnose (vgl. Kapitel 11).

Zu den Mess- und Informationssystemen zählen zum Beispiel Kennzahlensysteme wie die Balanced Scorecard oder betriebsinterne Managementinformationssysteme (MIS) und generell alle Daten aus der Betriebsführung, ob sie nun aus dem Rechnungswesen, dem Qualitätsmanagement oder dem Marketing stammen (vgl. Kapitel 11). Ein weiterer Punkt ist das Benchmarking, der Betriebsvergleich, der nicht nur eine Fülle von Anhaltspunkten auf der Sachebene liefern kann, sondern mit dessen Hilfe sich ein Veränderungsbedarf glaubwürdig begründen lässt. Daher ist die psychologische Wirkung von solchen Mess- und Informationssystemen ebenso zu betonen wie die sachlich-rationale Grundlage.

Für die Analyse der Position eines Unternehmens in Bezug auf die Außenwelt und die Innenwelt gibt es zahlreiche Instrumente, wie etwa die Matrix der Boston Consulting Group (BCG-Matrix), die Analyse der fünf Wettbewerbskräfte oder die Wertkettenanalyse. Welche dieser Instrumente zum Einsatz kommen, ist im Einzelfall zu entscheiden (vgl. Müller-Stewens/Lechner, 2005; Lombriser/Abplanalp, 2005 oder Hinterhuber, 2004). Ziel dieser Analyseinstrumente ist es, entweder die Position des Unternehmens im Markt zu erkennen oder die interne Leistungsfähigkeit und entsprechende Potenziale nachzuweisen. Als grobe Faustregel lässt sich sagen, dass die Instrumente zur Analyse der Umwelt eine Einschätzung der Chancen und Risiken liefern, während die Instrumente zur Analyse des Unternehmens Stärken und Schwächen einer Organisation aufzeigen. Einer der größten Fehler in der Anwendung dieser Analyseinstrumente liegt darin, die vorteilhaften Aspekte auszublenden. Ihr tieferer Sinn liegt genau darin, eine ausgewogene Sicht zu erhalten und Chancen wie Stärken eines Betriebs zu erkennen und nicht bloß dessen Schwachstellen.

Einen unmittelbaren Einfluss auf die Richtung der Unternehmensentwicklung haben die Instrumente zur Zielbildung und Strategieformulierung. Sie umreißen die Richtung, in die sich das Unternehmen in Zukunft entwickeln soll. Dazu zählen die Analyse des Geschäftsportfolios und das Szenariomanagement, das wegen seiner Bildhaftigkeit eine sehr weitreichende Mobilisierung entfalten kann.

Die einmal formulierten Strategien fließen in eine Geschäftsplanung ein. Die Überführung von neuen Stoßrichtungen der Unternehmensentwicklung in überprüfbare Einzelziele und Maßnahmen ist zentral, damit die neue Entwicklungsrichtung nicht einfach auf der Ebene von Absichten und Ideen bleibt. Um Aufbau- und Entwicklungsvorhaben planmäßig festzuhalten, hat sich der Businessplan bewährt (vgl. Butler, 2006). Er gibt die Markt- und Geschäftsziele wieder, weist finanzielle Plangrößen aus und legt die Beiträge der einzelnen Unternehmensbereiche (Marketing, Verkauf, Produktion, IT) zum geplanten Projekt fest. Für Pionierunternehmen ist der Businessplan Grundlage für die Planung der Entwicklung geworden. Und allgemein verlangen Kapitalgeber differenzierte Businesspläne, um die Erfolgsaussichten von Investitionen in ein neues Geschäft beurteilen zu können. Eng mit diesen Instrumenten verbunden ist das Innovationsmanagement (vgl. Schilling, 2008), das vor allem für die Strategieumsetzung und bei der Entwicklung neuer Produkte oder Verfahren wichtig ist.

Tabelle 22: Instrumente im Teilsystem Strategie

Bereich	Bezeichnung	Beschreibung
Mess- und Informationssysteme	Balanced Scorecard	Kennzahlensystem mit den Perspektiven: finanzieller Erfolg, Kundschaft, Prozesse sowie Lernen und Entwicklung
	Trend- und Marktstudien	Studien zu Konsum- und Branchentrends sowie Marktentwicklung (Außensicht)
	Rechnungswesen/MIS	Angaben zu Kosten (Leistung), Umsatz (Markterfolg) und finanziellem Gesamterfolg
	Qualitätsmanagement/MIS	Liefert ergänzend zu finanziellen Informationen Daten zu Prozessen und Leistungen
Analyse-Instrumente (Beispiele)	Analyse der Wettbewerbskräfte (Außensicht)	Beurteilung der Verhandlungsstärke von Lieferanten und Kunden, der Bedrohung durch Ersatzprodukte oder Mitbewerber sowie der Rivalität unter den bestehenden Mitbewerbern
	Analyse der Branchenstruktur (Außensicht)	Analyse der Mitbewerber nach wichtigen Wettbewerbsdimensionen, die von Branche zu Branche variieren
	Wertkettenanalyse (Innensicht)	Untersuchung der Wertschöpfungskette und Beurteilung derjenigen Segmente, in denen sich das Unternehmen von anderen unterscheidet
	Analyse der Kernkompetenzen (Innensicht)	Kernkompetenzen beinhalten die Fähigkeit, Ressourcen zu bündeln und in einem Produkt einzusetzen. Sie bilden die Grundlage von Wettbewerbsvorteilen
Strategieformulierung	Szenariomanagement	Formulieren und Bewerten von Szenarien zur möglichen Entwicklung des Umfelds und des Unternehmens
	Leitbild	Daseinszweck des Unternehmens
	Analyse des Geschäftsportfolios	Bewertung einzelner Geschäftsfelder in Bezug auf Marktaussichten und eigene Stärken. Typisch ist die BCG-Matrix
	Geschäftsfeldstrategien	Beziehen sich auf Standardstrategien wie Kostenführerschaft, Differenzierung oder Konzentration auf bestimmte Segmente
Umsetzung	Businessplan	Auf die Entwicklung eines Geschäfts oder Geschäftsfelds bezogener Plan mit umfassenden Angaben zu Zielen, Mitteln und Vorgehen
	Geschäftsplanung	Kontinuierliche Mittelfristplanung eines Unternehmens
	Programm-Management	Planung und Steuerung eines Portfolios von Projekten, die einem Ziel oder Thema zugeordnet sind

Instrumente zur Strategieentwicklung beziehen sich folgerichtig auf den ganzen Betrieb oder in größeren Unternehmen auf einzelne Geschäftsbereiche. Es mag Teilstrategien für einzelne Abteilungen oder Funktionsbereiche im Unternehmen geben, sie sind jedoch der Geschäftsstrategie untergeordnet. Generell haftet den meisten Instrumenten der Strategieentwicklung ein ausgeprägt sach-rationaler Zug an (vgl. Abschnitt 6.2). Neuere Ansätze betonen in der Strategieumsetzung und beim Thema Lernen den sozial-emotionalen Aspekt. Instrumente der Strategieformulierung versuchen, die Verbindung von Außen- und Innensicht ausdrücklich herzustellen.

10.5 Instrumente im Teilsystem Kultur

Unter Unternehmenskultur werden kurz zusammengefasst die gemeinsamen Werte und Einstellungen verstanden, die das Verhalten der Unternehmensangehörigen und das äußere Erscheinungsbild des Unternehmens prägen (vgl. Schein, 1995). Viele Publikationen räumen Kulturthemen ein hohen Stellenwert ein, wenn sie Ansätze der Unternehmensentwicklung beschreiben (Bleicher, 2004; Burns, 2008; Wildenmann, 2002; Woywode, 2005a). Führung bzw. Leadership, Lernen und unternehmerisches Verhalten der Mitarbeitenden stehen an erster Stelle. Entrepreneurship bzw. Corporate Entrepreneurship und sozialpsychologisch inspirierte Ansätze wie die systemische Beratung oder die Organisationsentwicklung gehören zu den kulturorientierten Ansätzen der Unternehmensentwicklung. In der Außenperspektive stellen sie auf die Wahrnehmung und den Umgang mit Umweltveränderungen ab, seien das technologische Neuerungen oder Veränderungen im Markt bzw. in den Kundenbedürfnissen. In der Innenperspektive beziehen sie sich auf die Zusammenarbeit, die Entscheidungsdezentralisation und die Formen der Koordination arbeitsteiliger Abläufe.

Dabei dürfte gerade die Kultur von Unternehmen am schwierigsten zu beeinflussen sein, da es sich um tief verankerte Werte handelt, die das Verhalten beeinflussen. In einem sozialwissenschaftlichen, systemischen Verständnis entziehen sich Werte und Einstellungen einer direkten Gestaltung von außen. Sie lassen sich allenfalls indirekt beeinflussen. Die Möglichkeiten, Unternehmenskultur zu beeinflussen, lassen sich grob in vier Gruppen einteilen: Verhaltensvorschriften, Schulung und Beratung, Kommunikationsinstrumente sowie Anreizinstrumente.

- **Verhaltensvorschriften** sind eine Realität im betrieblichen Alltag. Sie zielen allerdings nicht unmittelbar auf eine Veränderung der Werte und Einstellungen ab, sondern auf das Verhalten der Unternehmensangehörigen. Aber sie können auf diesem Weg auf die Unternehmenskultur zurückwirken. Arbeitsanweisungen und Verhaltensvorschriften zur Vermeidung von Fehlern oder zur Beachtung von Qualitätsvorgaben fließen in das kollektive Gedächtnis einer Organisation ein, selbst wenn sie nur teilweise befolgt werden. So werden sie über längere Zeit ein Bestandteil der Unternehmenskultur, ihre Wirkung wird aber gerne überschätzt. Eine Änderung der Unternehmenskultur lässt sich schwerlich mit Hilfe von Vorschriften erzeugen, sie lässt sich höchstens auf lange Sicht beeinflussen. Zudem ist hier mit Nachdruck vor dem Aufbau einer Misstrauenskultur durch extrem detaillierte Vorschriften zu warnen. Gut gemeinte Verhaltensregeln verkehren sich nicht selten in ihr Gegenteil. Umgekehrt hat das Streichen oder das Lockern von übertrieben engen Vorschriften oft eine symbolische Wirkung zugunsten einer neuen Unternehmenskultur, die auf Vertrauen und Selbstverantwortung beruht.

- **Schulung und Beratung:** Alle Instrumente, die zur Förderung der Kommunikation und zur Unterstützung der Zusammenarbeit zwischen Teilen des Unternehmens oder einzelnen Unternehmensangehörigen beitragen, entfalten ebenfalls eine Wirkung auf die Unternehmenskultur. Teamentwicklung, Teamcoaching sowie individuelle Trainings in den Bereichen Kommunikation und Konfliktlösung sind Instrumente und Ansätze, die alle auf eine Beeinflussung der Unternehmenskultur durch Verhaltenstrainings und Schulung abzielen. Sie liegen nahe bei den Kommunikationsinstrumenten.

- **Kommunikationsinstrumente** bilden die größte Gruppe. Ihre Wirkung beruht auf der Vermittlung von Informationen, um durch neue Fakten zu überzeugen, um die Werthaltungen der Unternehmensleitung im Betrieb zu verbreiten oder um ein gemeinsames Verständnis der geteilten Werte im Betrieb zu erreichen. Gerade dieser letzte Punkt verdient Beachtung, da der gegenseitige Austausch von Werthaltungen zur Prägung der Unternehmenskultur beiträgt. Die Ausarbeitung eines Leitbilds ist ein Musterbeispiel für ein derartiges Instrument, weil es nicht nur die Werthaltungen der Unternehmensleitung transportiert, sondern die gemeinsamen Werte und Einstellungen im Unternehmen ausdrücken und verdeutlichen soll.

  In die Gruppe der Kommunikationsinstrumente fallen zudem das **symbolische Management** und die **Besetzung von Schlüsselpositionen,** weil sie im weitesten Sinn auf einer Signalwirkung gegenüber den übrigen Betriebsangehörigen beruhen. Beim symbolischen Management vollziehen Führungskräfte bewusst Handlungen mit hohem Symbolgehalt, indem sie etwa auf bestimmte Vorteile verzichten oder sich an bestimmten Aktivitäten im Unternehmen sichtbar beteiligen, um damit ihre Werthaltungen beispielhaft zu veranschaulichen. Symbolisches Management muss einer aufrichtigen Überzeugung entspringen, sonst wird es schnell als Heuchelei entlarvt. Die Besetzung von Schlüsselpositionen hat ebenfalls eine Signalwirkung. Herkunft und Werdegang der neuen Führungskräfte sollen die Rangfolge der Werte eines Unternehmens verdeutlichen; darüber hinaus tragen die betreffenden Personen zur Verbreitung dieser Werte bei. Es findet meistens große Beachtung, ob eine Außenstehende oder eine langjährige Betriebsangehörige, ein erfahrener Praktiker oder ein ausgewiesener Akademiker auf eine Schlüsselstelle berufen wird.

- **Anreizinstrumente** bilden die vierte Gruppe; sie umfasst Führungssysteme und Teile der personalpolitischen Systeme sowie der Personalentwicklung und der Arbeitsgestaltung. Anreizsysteme fordern zu bestimmten Verhaltensweisen auf und sanktionieren einzelne Werthaltungen positiv oder negativ. Sie lassen sich zum Beispiel unterteilen in Instrumente zur Förderung der intrinsischen und extrinsischen Motivation. Auf die extrinsische Motivation sollen Vergütungs- und Gehaltssysteme sowie neue Arbeitszeitmodelle wirken.

Sie beeinflussen nicht direkt die Beweggründe der Zielgruppe, sondern unterstützen bestimmte Verhaltensweisen. Der Nutzen extrinsischer Instrumente, besonders im Fall der Vergütungssysteme, ist allerdings stark umstritten.

Tabelle 23: Instrumente im Teilsystem Kultur

Gruppe	Bezeichnung	Beschreibung
Verhaltens-vorschriften	Anweisungen	Vorschriften, um Verhalten zu steuern, z. B. in Organisationshandbüchern dokumentiert
Schulung und Beratung	Teamentwicklung/ Teamcoaching	Alle Formen der Unterstützung von Teams, um die Zusammenarbeit und die Kommunikation zu fördern, im Team oder zwischen Teams
	Individuelle Trainings	Maßnahmen zur Förderung individueller Kompetenzen, häufig der Sozialkompetenzen (z. B. Kommunikation, Wahrnehmung, Führung)
Kommunikations-Instrumente	Leitbildentwicklung	Bei der Erarbeitung Verständigung über die gemeinsamen Ziele und Werte im Unternehmen
	Symbolisches Management	Handlungen mit hohem Symbolgehalt und Vorbildcharakter, um z. B. neue Werte und Verhaltensweisen für alle sichtbar zu machen
	Besetzung von Schlüsselstellen	Neue Fach- und Führungskräfte sollen neue Werte verbreiten, gleichzeitig ein Zeichen für die im Betrieb geforderten neuen Kompetenzen
Anreizinstrumente	Führungssysteme	Steuerung des Verhaltens von Führungskräften und Geführten durch bestimmte Instrumente
	Laufbahnprogramme	Förderung von Nachwuchskräften aufgrund bestimmter Werthaltungen und Beeinflussung intrinsischer Motivation zugunsten betrieblicher Ziele
	Vergütungssysteme	Beeinflussung extrinsischer Motivation durch materielle Anreize

Auf die intrinsische Motivation wirken jene Anreizsysteme, die auf Anerkennung, Wertschätzung, Weiterentwicklung und Mitsprache beruhen. Typische Beispiele für derartige Instrumente sind die Führung durch Zielvereinbarung bzw. Management by Objectives, Programme zur Laufbahnplanung und zur Personalentwicklung, zum Beispiel die Erweiterung des Verantwortungsbereichs im Rahmen eines „Job Enrichment", das Vorschlagswesen oder die Einführung von teilautonomen Arbeitsgruppen. Sie alle haben zusätzlich zum Sachaspekt eine Wirkung auf die Unternehmenskultur. Ähnliche Ansätze finden sich außerdem in Programmen zum multikulturellen Management oder zum Diversity Management, die den Umgang mit Betriebsangehörigen aus unterschiedlichen Kulturen oder mit Personen mit unterschiedlichen Lebensläufen unterstützen sollen (vgl. Hilb, 2008). Die Grenze zu Schulungs- und Beratungsmaßnahmen verschwimmt im Einzelfall, wie zum Beispiel bei der Teamentwicklung. Die Zuordnung hängt letztlich von den Zielen und Absichten ab, die hinter diesen Programmen stehen.

Den Instrumenten zur Beeinflussung der Unternehmenskultur, namentlich den Anreizsystemen, ist ein manipulativer Zug unterstellt worden (vgl. Abschnitt 8.3). Es verhält sich damit wie bei der Diskussion des symbolischen Managements: Wer die Unternehmenskultur mit verdeckten Absichten zu beeinflussen versucht, muss sich nicht wundern, wenn seine Maßnahmen auf Widerstand stoßen und unterlaufen werden. Der Ausweg besteht in der transparenten Kommunikation, in der uneingeschränkten Offenlegung der Ziele und Absichten, die hinter einzelnen Instrumenten stehen. Ansonsten entdecken die Betroffenen in der Regel rasch die „Hidden Agenda", die verdeckten Ziele, die hinter einem Vorhaben stehen.

Die Differenzierung in Innen- und Außenperspektive ist bei den Instrumenten im Teilsystem Kultur zweitrangig, da sie im Idealfall ein Bündel von Werten ansprechen, die sich auf beide Perspektiven beziehen. Diese Instrumente wirken zudem auf unterschiedlichen Bezugsebenen: Kommunikationsinstrumente beziehen häufig das gesamte Unternehmen mit ein. Das gilt ebenfalls für Anreizinstrumente. Verhaltensvorschriften sowie Schulung und Beratung zielen auf Gruppen, zuweilen auf Einzelpersonen.

10.6 Instrumente im Teilsystem Strukturen

Die Instrumente zur Entwicklung und Gestaltung der Strukturen dürften derzeit den höchsten Entwicklungsstand aus allen drei Bereichen erreicht haben. Das hat historische Gründe, da Strukturen und Systeme schon lange Gegenstand ausgedehnter Untersuchungen sind. Zur Gruppe der Instrumente des Teilsystems Strukturen gehören hauptsächlich die Maßnahmen zur Organisationsgestaltung und die Arbeitsinstrumente. Unter den vielen Vorschlägen zur Strukturierung eines Unternehmens haben in jüngster Zeit folgende Instrumente und Verfahren große Aufmerksamkeit auf sich gezogen:

- Bei den Instrumenten der Organisationsgestaltung sind es das **Prozessmanagement und die Prozessverbesserung,** die in der Organisationsarbeit stark hervorgetreten sind, weil sie den Ablauf der Wertschöpfung zugunsten der Aufgabenteilung in den Vordergrund rücken. Prozessmanagement entspricht in der Tendenz einem kontinuierlichen Wandel. Einen ähnlichen Ansatz verfolgen Konzepte wie der Qualitätszirkel oder der kontinuierliche Verbesserungsprozess, bei dem Mitglieder eines Teams sich regelmäßig überlegen, wie sie das Vorgehen und die Ergebnisse ihrer Arbeit verbessern können. Sie sind ebenfalls evolutionär ausgerichtet. Prozessmanagement kann im ganzen Unternehmen eingeführt werden oder eine punktuelle Verbesserungsmaßnahme sein, die sich auf einzelne Abteilungen eines Unternehmens beschränkt.

- Zweitens sind alle **Maßnahmen zur Dezentralisation,** zur Förderung der Selbststeuerung sowie zur Delegation von Verantwortung und Kompetenzen zu erwähnen. Das Führen mit flexiblen Zielen (Beyond Budgeting; vgl. Pfläging, 2008), die Schaffung von teilautonomen Arbeitsgruppen, die Bildung von selbststeuernden Geschäftseinheiten etwa in Form von Profitcentern oder die Netzwerkorganisation gehören dazu (vgl. Sydow, 2003). Sekundäre Formen von Dezentralisation, die neben den herkömmlichen Strukturen bestehen können, sind Verbesserungsworkshops oder ebenfalls der Qualitätszirkel, die beide lokal, auf Abteilungs- oder Gruppenebene wirken (vgl. Brehm, 2001). Dezentralisierung und Delegation von Verantwortung ermöglichen eine Selbststeuerung und können die Leistung wie die Erneuerungsfähigkeit eines Unternehmens entscheidend stärken. Das Zulassen der Selbststeuerung ist mit einer Steigerung der Vielfalt verbunden und bedingt einen Vertrauensvorschuss seitens der Unternehmensleitung.

Die Forderung nach mehr Selbstständigkeit und Selbstverantwortung im Unternehmen darf nicht darüber hinwegtäuschen, dass Vereinheitlichung und Standardisierung von Verfahren und Leistungen ebenfalls eine Maßnahme der Unternehmensentwicklung darstellen, weil sie beispielsweise dazu beitragen, Erfahrungskurveneffekte auszuschöpfen. Strukturen sollten sich an der Strategie orientieren und Lernen sowie Innovation ermöglichen. Es gibt daher kein allgemeingültiges Muster idealer Strukturen, selbst wenn einzelne Formen viel Aufmerksamkeit erhalten haben. Es ist wohl am sinnvollsten, sowohl Standardisierung wie Vielfalt kritisch zu hinterfragen (vgl. Wüthrich/Osmetz/Kaduk, 2009). Daher sollten Strukturansätze die „richtige Mischung" von Stabilität und Beweglichkeit beachten. Innovative Organisationen weisen Elemente von Kreativität und Effektivität auf (vgl. Helfen, 2005). Straffe Strukturen haben zum Beispiel in Wachstumsphasen ihre Berechtigung, wenn es darum geht, den Absatz auszuweiten und einen Markt zu erschließen. Stabilität ermöglicht das Ausschöpfen von Erfahrungseffekten und eine kontinuierliche Verbesserung, zum Beispiel durch Routine. Sie gewährleistet Effizienz. Beweglichkeit erlaubt Anpassung an geänderte Anforderungen, vorwiegend aus der Umwelt. Das entspricht dann wiederum der Innen- und Außenperspektive von Unternehmensentwicklung. Im Übrigen hängen Strukturthemen, einschließlich der Wahl geeigneter Führungsinstrumente, auch vom Lebensabschnitt oder – neutraler – von der Größe und dem Alter des betreffenden Unternehmens ab. Kleine Unternehmen, die überdies noch nicht sehr lange im Markt aktiv sind, dürften auf die Bildung von Routine und die Ausschöpfung von Erfahrungskurveneffekten angewiesen sein. Stabilität und Ordnung sind hier die vorherrschenden Themen. Das gilt zudem für Unternehmen, die sich am Beginn einer ausgeprägten Wachstumsphase befinden. In älteren und großen Unternehmen stehen dagegen eher Beweglichkeit, Dezentralisation und Anpassung an äußere Veränderungen im Vordergrund.

- Das führt zum Instrument der herkömmlichen **Reorganisation** oder der **Restrukturierung**, die den Abbau von Doppelspurigkeiten (Redundanzen), die Bereinigung von Schnittstellen und Synergieeffekte durch eine neue Bündelung von Aufgaben bezweckt. In diesem Zusammenhang ist das Instrument des **Out-Sourcing** zu erwähnen, bei dem gewisse Unternehmensfunktionen ausgelagert werden, weil sie ein externer Anbieter kostengünstiger oder effektiver erbringt. Als Folge des Out-Sourcing können Netzwerkorganisationen entstehen, die lose verbunden sind und sich nur vorübergehend zur Herstellung eines bestimmten Produkts zusammenschließen. Ein bekanntes Beispiel sind etwa Arbeitsgemeinschaften im Bausektor. **Virtualisierung** ist eine neuzeitliche Form von Out-Sourcing. Es gibt allerdings ebenfalls den gegenteiligen Trend zum **In-Sourcing,** bei dem das Unternehmen bestimmte Unternehmensfunktionen wieder selbst übernimmt, weil sie zu seinen Kernkompetenzen gehören und mithin einen strategischen Vorteil darstellen. Die ökonomische Begründung von In-Sourcing liefert nebst dem Argument der Kernkompetenzen die Theorie von Coase und seinen Nachfolgern (vgl. Abschnitt 3.2).

- Neben den Maßnahmen zur Organisationsgestaltung bestehen zahlreiche Systeme, Werkzeuge und Arbeitsinstrumente. In der Sprache der Organisationslehre heißen sie „Sachmittel", hier sind es verallgemeinernd „Arbeitsinstrumente". Sie sind häufig branchenspezifisch und entziehen sich einer gerafften Überblicksdarstellung. Zur Unterstützung ihrer Kern- oder Wertschöpfungsprozesse von Beschaffung, Produktion bzw. Leistungserstellung und Vertrieb kennen wissensintensive Unternehmen, weite Teile der produzierenden Industrie, des Gesundheitswesens oder der Finanzwirtschaft eine Fülle von Instrumenten, die auf die ganz besonderen Anforderungen des jeweiligen Wertschöpfungsprozesses zugeschnitten sind. Beispiele sind etwa Produktionsplanungssysteme, Logistikkonzepte, Flugreservationssysteme oder Systeme zur Abwicklung des Wertpapierhandels in der Finanzwirtschaft. Spezielle Erwähnung verdienen in diesem Zusammenhang etwa Informatikhilfsmittel zur Kundenpflege, dem „Customer Relationship Management" (CRM), und alle Ansätze des E-Business, das in vielen Zweigen des Dienstleistungssektors zu ganz neuen Geschäftsmodellen geführt hat. Die Erneuerung von Instrumenten bedeutet für das betreffende Unternehmen in der Regel einen beachtlichen Entwicklungsschritt und ist nicht selten gleichzusetzen mit der Erneuerung von Herstellungsverfahren.

Während die Instrumente zur Unterstützung der Kern- oder Wertschöpfungsprozesse fach- oder branchenspezifisch sind, gibt es eine Reihe von teilweise standardisierten Instrumenten, die Führungs- und Unterstützungsprozesse erleichtern. Dazu gehören alle Planungshilfsmittel, alle Instrumente des Finanz- und Rechnungswesens, die heute unter dem Sammelbegriff Enterprise Resource Planning (ERP) figurieren, oder die Instrumente des Personalmanagements.

Je nach Phase der Unternehmensentwicklung zielen Arbeitsinstrumente in die Richtung von mehr Flexibilität oder mehr Standardisierung. Die Informationstechnik ermöglicht seit einiger Zeit kundenspezifische Produkte oder Leistungen mit hoher Variantenvielfalt, die auf standardisierten Komponenten beruhen. Dafür steht heute der Begriff „Mass Customization" (vgl. Abschnitt 6.7). Arbeitsinstrumente beziehen sich in der Regel auf einzelne Abteilungen oder den ganzen Betrieb.

Tabelle 24: Instrumente im Teilsystem Strukturen

Gruppe	Bezeichnung	Beschreibung und Beispiele
Organisations-gestaltung	Prozessverbesserung	KVP, Prozessmanagement, Qualitätszirkel
	Maßnahmen zur Dezentralisation	Delegation von Verantwortung und Kompetenzen, z. B. als Führen mit flexiblen Zielen (Beyond Budgeting) oder in Form von teilautonomen Gruppen, Profitcentern oder einer Netzwerkorganisation; Qualitätszirkel und Workshops als sekundäre Formen
	Reorganisation bzw. Restrukturierung	Neugestaltung der Organisation, Aufgabenbündelung zwecks Synergieeffekten und Abbau von Doppelspurigkeiten, In- und Out-Sourcing von Unternehmensfunktionen
Erneuerung von Arbeits-instrumenten	Neue Produktions-systeme	Fachspezifische Systeme zur Unterstützung der Kernprozesse von Beschaffung, Produktion und Vertrieb
	Neue Steuerungsin-strumente	Unterstützung von Beyond Budgeting (vgl. oben) oder Enterprise Resource Planning (ERP), neue Systeme in der Personalbewirtschaftung und Kundenpflege (Customer Relationship Management), weitere

Bei neuen Führungsinstrumenten und Hilfsmitteln im Personalmanagement ist die Überschneidung zwischen den Teilsystemen Kultur und Strukturen augenfällig. An diesem Beispiel zeigt sich, dass neue Instrumente oder neue organisatorische Lösungen nicht selten eine neue Sicht der Arbeit und eine Änderung der Einstellung erfordern, weil sie zum Beispiel zu größerer Transparenz, zu anderen Schnittstellen oder zu einer grundlegenden Verlagerung der Aufgaben führen. Sachrationale und sozial-emotionale Aspekte sind mit der Einführung neuer Instrumente eng verzahnt. Die Vernachlässigung dieser Verbindung ist häufig für das Scheitern von neuen Arbeitsinstrumenten im Betrieb verantwortlich. Umgekehrt gibt es immer wieder Versuche, die Unternehmenskultur mit Hilfe neuer Arbeitsinstrumente zu verändern. Derartige Versuche, wenn sie sich einseitig auf die Sachziele beschränken, dürften nur geringe Erfolgsaussichten haben. Beispiele liefern Instrumente des Wissensmanagements, die trotz aller technischen Raffinesse nie zur erhofften Teilung und Verbreitung des Wissens geführt haben, weil diese Teilung mit einer tatsächlichen oder vermeintlichen Verschiebung von Macht und Einfluss verbunden gewesen wäre.

10.7 Integrierter Einsatz

Selbst wenn die hier dargestellten Instrumente bestimmten Teilsystemen des Unternehmens zugeordnet sind, so gilt es doch die strikte Zuordnung in zwei Punkten abzuschwächen: Erstens können sich diese Instrumente ebenfalls auf andere Teilsysteme auswirken. Zweitens ist der isolierte Einsatz einzelner Instrumente nicht empfehlenswert. Sie sind vielmehr im Kontext eines gesamten Veränderungsprogramms einzubetten (vgl. Programm-Management in Abschnitt 8.8). Die Entwicklung des Unternehmens sollte im Idealfall auf allen Ebenen gleichzeitig – oder doch wenigstens zeitlich verschränkt – ablaufen. Ein rein punktuelles oder eindimensionales Vorgehen dürfte wenig Aussicht auf Erfolg haben. Ausgangspunkt für die integrierte Entwicklung muss aber die Strategie sein, denn sonst wäre eine solche Entwicklung planlos (vgl. Abbildung 22).

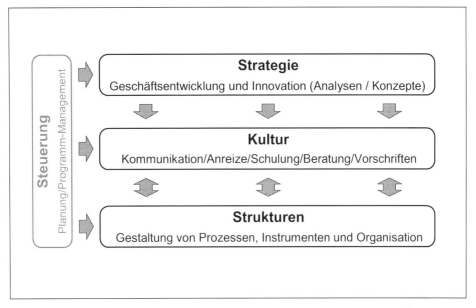

Abbildung 22: Integrierter Einsatz der Instrumente

11. Standortbestimmung

11.1 Beurteilung und Messbarkeit von Unternehmensentwicklung

Für die Steuerung und Gestaltung von Unternehmensentwicklung ist eine periodische Überprüfung des Entwicklungsstands und der Entwicklungsrichtung unverzichtbar. Der Regelkreis von Planung, Umsetzung, Überprüfung und Korrektur (PDCA-Kreis, vgl. Abschnitt 6.5) gilt sowohl auf der Ebene einzelner Maßnahmen und Projekte wie für die gesamte Entwicklung, die zum Beispiel in einem Unternehmensentwicklungsprogramm zusammengefasst ist. Es gibt den bekannten Leitsatz, der besagt: „Was sich nicht messen lässt, lässt sich auch nicht managen." Besser ist es jedoch, das Wort „messen" durch „überprüfen" zu ersetzen, weil Unternehmen komplexe Systeme sind, deren Entwicklungsstand sich einer herkömmlichen „Messung" entzieht.

Zudem ist es angemessener, von einer Standortbestimmung zu reden, im Sinne einer kritischen Reflexion, die aber durchaus die Auswertung von Kennzahlen umfassen darf. Ausgangspunkt für die Standortbestimmung sind die Ziele der Unternehmensentwicklung, die im Einzelfall variieren. Zusammen mit den Ergebnissen der Früherkennung überprüfen die Verantwortlichen im Rahmen der rollenden Planung von Etappe zu Etappe den Stand der Unternehmensentwicklung und lösen entsprechende Korrekturen aus (vgl. Abbildung 23). Die Beurteilung der Unternehmensentwicklung ist eine Voraussetzung für die rollende Planung.

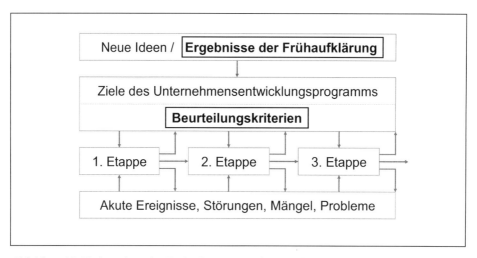

Abbildung 23: Verknüpfung der Früherkennung und Beurteilung mit der rollenden Planung

Aus der Betriebswirtschaftslehre gibt es eine Reihe von Kennzahlen, die vor allem der Überprüfung finanzieller Ziele dienen. Daneben bestehen weitere Kennzahlen zur Personalwirtschaft oder zum Markterfolg. Dennoch ist der Nutzen einzelner Kennzahlen eingeschränkt, wenn es um die Überprüfung der langfristigen Ziele der Unternehmensentwicklung geht, etwa der Lernfähigkeit oder des Aufbaus von Nutzenpotenzialen. Erstens sind es Ziele, die mehrere Dimensionen in sich vereinigen und sich schlecht in einer einzigen Zahl ausdrücken lassen. Zweitens kann eine Quantifizierung von Entwicklungszielen grundsätzlich schwierig sein. Daher ist in diesem Abschnitt allgemein von **Beurteilungskriterien** die Rede, die sowohl zu Aussagen sprachlicher oder sogar grafischer Art oder zu Kennzahlen (Indikatoren) führen können.

Ist nur die Messbarkeit eingeschränkt, schaffen Näherungsindikatoren (Proxy-Indikatoren) Abhilfe. Sie beziehen sich auf messbare Größen, die mit den angestrebten Zielen ursächlich verknüpft sind. Geht es um mehrdimensionale Ziele, hilft ein Satz von mehreren Kennzahlen. Aber je größer die Menge von Kennzahlen, desto schwieriger wird die Interpretation. Mit Hilfe von zwanzig oder mehr Kennzahlen stimmige Schlussfolgerungen und griffige Maßnahmen ableiten zu wollen, überfordert in der Praxis manchen Führungszirkel. Neben methodischen Einschränkungen gibt es also weitere Grenzen in der Aufnahmefähigkeit von quantitativen Informationen. Vereinfachungen durch Controlling-Cockpits mit Ampelsystemen, die eine bestimmte Abweichung der Kennzahlen gegenüber dem Soll-Wert mit roter, gelber oder grüner Farbe anzeigen, erleichtern zwar die Übersicht, aber sie entbinden nicht von einer differenzierten Interpretation. Daher sind qualitative Informationen eine sinnvolle und notwendige Ergänzung der Kennzahlen. Zur Beurteilung von Trends, Kundenpräferenzen, Strategien und eigenen Fähigkeiten sind qualitative Aussagen ohnehin unverzichtbar. Eine differenzierte Auseinandersetzung über den Stand und die künftige Ausrichtung der Unternehmensentwicklung stützt sich auf verschiedene Quellen und berücksichtigt sowohl quantitative als auch qualitative Informationen.

Ungeachtet aller Hilfsmittel in der Beurteilung bleibt ein gewisses Maß von Unsicherheit wegen der Komplexität von Unternehmen bestehen. Sie hängt mit der eingeschränkten Steuerbarkeit zusammen. Beide stellen letztlich ein Informationsproblem dar, das bei komplexen Systemen auftritt, weil sich bei ihnen nie alle möglichen Zustände ermitteln und noch weniger vorhersagen lassen. Der Mut zur Lücke und der Mut zu einer intuitiven Beurteilung von Unternehmensentwicklung sind gefordert. Sie lassen sich nicht durch Kennzahlen und Studien ersetzen, aber Kennzahlen und Studien können Anstoß für eine kritische Reflexion sein.

11.2 Alternative Messansätze von Unternehmensentwicklung

Wegen der Einschränkungen in der Messbarkeit und weil Unternehmensentwicklung ein komplexes Vorhaben ist, lohnt es sich, verschiedene Messansätze zu kombinieren. Neben den betriebswirtschaftlichen Kennzahlen, die vorwiegend aus Aufzeichnungen der Geschäftstätigkeit und besonders aus dem Rechnungswesen stammen, stehen folgende Messansätze zur Verfügung.

- **Ermittlung von Vorlaufindikatoren oder Vorsteuergrößen:** Zahlreiche finanzwirtschaftliche Kennzahlen geben den unternehmerischen Erfolg aus einer Rückschau wieder. Vor allem bei Entwicklungszielen und für eine langfristige Perspektive ist es zweckmäßiger, diejenigen Größen zu erfassen, die den späteren Erfolg ausmachen. Der Messpunkt wird also an den Beginn der Ursache-Wirkungs-Kette verlegt. Typische Beispiele für Vorlaufindikatoren sind der Bestellungseingang oder die Veränderungen in der Kundenstruktur.

- **Kennzahlensysteme:** Ein inhaltlich aufeinander abgestimmter Satz von Kennzahlen, der einem bestimmten Raster folgt und in dem zusätzlich die Wirkungsbeziehungen zwischen einzelnen Größen abgebildet sind, kann dazu beitragen, Komplexität zu reduzieren. Die Balanced Scorecard (Kaplan/Norton, 1996) sowie die Anwendung des 7S-Modells (vgl. Abschnitt 2.6) oder des EFQM-Modells (vgl. Abschnitt 6.5) als Raster für Kennzahlen sind Beispiele dafür. Weitere Ansätze, die sich auf das intellektuelle Kapital beziehen, allerdings in den inhaltlichen Dimensionen zahlreiche Überschneidungen mit der Balanced Scorecard aufweisen, sind der sogenannte SKANDIA-Navigator oder das Modell von Roos und Roos (Woywode, 2005b). Die Balanced Scorecard folgt zudem ausdrücklich dem Konzept der Vorsteuergrößen.

Weil die Balanced Scorecard (BSC) das derzeit am häufigsten zitierte Kennzahlensystem ist, werden die wichtigsten Dimensionen hier noch einmal erläutert (vgl. Abbildung 24). Die Balanced Scorecard orientiert sich an den Dimensionen Finanzen (finanzielle Ergebnisse), Kundschaft (Kundenbindung etc.), interne Prozesse (Prozesskennzahlen) und Lernen und Entwicklung (Mitarbeitende). Sie geht zudem davon aus, dass zwischen den einzelnen Dimensionen eine Wirkungsbeziehung besteht. Die BSC gibt aber nur die Dimensionen vor und überlässt es dem Unternehmen, für jede der vier Dimensionen geeignete Kennzahlen zu bestimmen.

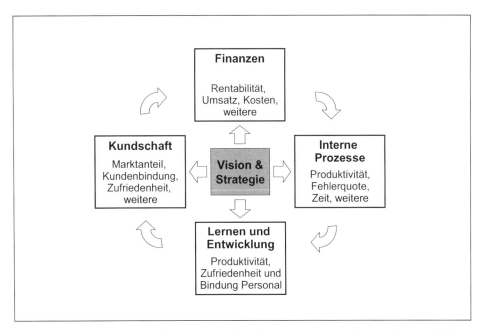

Abbildung 24: Die Balanced Scorecard und ihre Dimensionen (nach Kaplan/Norton, 1996)

- **Audits/Qualitätsbewertungen:** Interne und externe Audits sind nichts weiter als eine umfassende Standortbestimmung, die mehrere Aspekte berücksichtigt. Besonders die Bewertung nach EFQM, die ein externes Assessorenteam durchführt, ist geeignet, um Informationen für die Steuerung der Unternehmensentwicklung zu liefern.
- **Organisationsdiagnose und Projektevaluation:** Eine Organisationsdiagnose (vgl. Abschnitt 4.4) oder eine Wirkungsüberprüfung einzelner Projekte und Maßnahmen können wertvolle Informationen zum Stand der Unternehmensentwicklung liefern. Für eine periodische Standortbestimmung im Sinne eines fortlaufenden Regelkreises übersteigt im Allgemeinen der Aufwand den Nutzen dieser Instrumente.

11.3 Auswahl von Beurteilungskriterien

Für die Auswahl der Beurteilungskriterien sind in erster Linie die Entwicklungsziele (vgl. Kapitel 5) maßgebend. Allerdings ist es sinnvoll, die Kriterien zur Beurteilung der Lage eines Unternehmens etwas weiter zu fassen, um die Position und den Entwicklungspfad bestimmen zu können. Dazu bietet es sich an, die Hierarchie von lang- und kurzfristigen Zielen zu beachten, um nicht zuletzt die Wirkungskette abzubilden und die Vorsteuergrößen des unternehmerischen Erfolgs zu erfassen.

- Um den **kurzfristigen Austausch** mit der Umwelt abzubilden, sind Kriterien wie Liquidität, Cashflow, Tagesumsatz oder Termintreue bei Lieferungen, Durchlaufzeiten oder aktuelle Fehlerquoten (Struktur) sowie beispielsweise die Zahl der Beschwerden und die aktuelle Fluktuationsrate bei den Mitarbeitenden (Kultur) geeignet.

- Zur **Beurteilung des wirtschaftlichen Erfolgs** gibt es klare Kriterien aus dem Rechnungswesen sowie aus dem Marketing (zum Beispiel Marktanteile). Vorlaufindikatoren für den zukünftigen Erfolg sind Auftragseingänge, wirtschaftliche Situation und Präferenzen der Kundinnen und Kunden, Kapitalkosten (Kreditzinsen, Börsenkurse), technologische Neuerungen und gegebenenfalls Änderungen in den gesetzlichen Anforderungen.

- Weniger präzise lässt sich die **Lernfähigkeit** abbilden, weil sie verschiedene Facetten aufweist und weil viele Faktoren die Lernfähigkeit eines Unternehmens beeinflussen. Zudem erfordern die Beschaffung und die Auswertung dieser Informationen einigen Aufwand. Für eine annäherungsweise Beurteilung der Lernfähigkeit eignen sich Kriterien wie die Dauer von Produktentwicklungen, die Erneuerung des Produktsortiments im Vergleich zu Mitbewerbern, der Vergleich von Produktivität im zeitlichen Ablauf und gegenüber Mitbewerbern oder der Erfolg und die Dauer von Veränderungsprojekten.

- Das gilt gleichermaßen für die Beurteilung der **Innovationskraft.** In wissens- und technologieintensiven Unternehmen sind es vor allem kulturelle Faktoren, die diesen Aspekt abbilden. Das können Merkmale hinsichtlich Führung und Verhalten der Unternehmensangehörigen, Kompetenzen und Wissen der Mitarbeitenden und der Organisation (Kernkompetenzen und kollektives Wissen, je nach Branche Technologie und Entwicklungsvorhaben) sein. Ein anschauliches Beispiel ist die Pharmaindustrie, wo der Bestand an neuen Präparaten kurz vor der Marktreife über die langfristige Zukunft des Unternehmens entscheidet.

- Der **Nutzen der Anspruchsgruppen** und die Existenzgrundlage lassen sich unterschiedlich gut bestimmen. Umsatz und Bestellungseingänge geben den wahrgenommenen Nutzen der Kundschaft wieder, die Lohnentwicklung den materiellen Nutzen der Mitarbeitenden, die Ausschüttung von Gewinnen denjenigen der Unternehmenseigner. Allerdings sind das alles Kriterien, die sich auf die Vergangenheit beziehen und materielle Aspekte betreffen. Immaterielle Aspekte des gegenwärtigen Nutzens sind nur durch Befragungen ermittelbar. Darüber hinaus bilden Image und Glaubwürdigkeit im Markt eine weitere Beurteilungsgrundlage für die langfristige Daseinsberechtigung.

Allgemein sollten Kriterien und besonders Kennzahlen bestimmten Qualitätsanforderungen genügen, damit sinnvolle Schlussfolgerungen möglich sind. Zu diesen Anforderungen gehören etwa Relevanz (es handelt sich um einen bedeutenden Aspekt für das Unternehmen), Eindeutigkeit (der Interpretation), Stetigkeit (fortlaufende Erhebung möglich) oder die Vergleichbarkeit (vgl. Müller-Stewens/Lechner, 2005).

11.4 Einzelne Kriterien zur Beurteilung von Unternehmensentwicklung

Kennzahlensysteme wie die Balanced Scorecard, EFQM oder der General-Management-Navigator (Müller-Stewens/Lechner 2005) liefern bereits ein Raster, nach dem sich Beurteilungskriterien für die Unternehmensentwicklung festlegen lassen. Um einen Überblick zu erhalten, ist es freilich sinnvoll, die möglichen Dimensionen noch einmal aufzuspannen. Außerdem erfordern unternehmensspezifische Entwicklungsziele besondere Kriterien, die einen etwas differenzierteren Blick rechtfertigen. Ferner münden bekanntlich nicht alle Beurteilungskriterien in Kennzahlen, weil einzelne Aspekte eben qualitativer Art sind. In diesem Fall sind Unterschiede in den Ausprägungen festzustellen und zu interpretieren. Selbst wenn Kennzahlen den betrieblichen Alltag prägen, erfordert das Sammeln und Interpretieren von qualitativen Daten ebenso viel Aufwand wie eine quantitative Analyse.

Gemäß den zentralen Dimensionen von Unternehmensentwicklung gibt es

1. Kriterien, die sich auf die **Austauschbeziehungen des Unternehmens zur Umwelt (Außenperspektive),** zur Kundschaft, zu den Lieferanten und den Geldgebern, beziehen, und

2. Kriterien, die sich auf die **interne Ressourcenausstattung (Innenperspektive),** vor allem auf die Kompetenzen und die Fähigkeiten des Managements, beziehen.

Im Zusammenhang mit der Perspektive spielen die Wahl der Quellen und die Datengrundlage eine Rolle. Vor allem für die Betrachtung der Außenperspektive sollten Informationen von externen Quellen (z. B. amtliche Statistiken, Beurteilung durch Anspruchsgruppen oder durch Dritte, Branchenvergleiche) die rein betriebsintern gewonnenen Informationen ergänzen.

Um bei den Dimensionen der Unternehmensentwicklung zu bleiben, folgen die möglichen Beurteilungskriterien ebenfalls den Teilsystemen Strategie, Kultur und Strukturen, die bereits zur Beurteilung der Ziele von Unternehmensentwicklung dienten (vgl. dazu Abschnitt 5.3). Die Abbildung gibt eine Übersicht über gängige Kriterien (qualitative und quantitative). Die fettgedruckten Angaben bezeichnen die Kriterien, die darunter aufgeführten Angaben sind als Beispiele einzelner Kennzahlen und Prüfgrößen zu verstehen, nicht als abschließende Aufzählung.

Die Berechnung und noch mehr die Interpretation einzelner Kennzahlen verlangen hohe Sachkenntnis. Das gilt in besonderem Maß für finanzielle Kennzahlen, wie etwa den ROCE (Return on Capital Employed: Gewinn im Verhältnis zum Betriebskapital) oder den ROI (Return on Investment: Gewinn und Fremdkapitalzinsen im Verhältnis zur Bilanzsumme), aber auch für Indikatoren des Innovationsmanagements oder der Personalwirtschaft.

Tabelle 25: Beurteilungskriterien der Unternehmensentwicklung

Teilsystem/ Perspektive	Außenperspektive	Innenperspektive
Strategie	Finanzielle Kennzahlen: Umsatz, Gewinn, Liquidität, Rentabilität (Kapitalrentabilität) und Finanzierung	Kosten, Deckungsbeiträge, Investitionen
	Kriterien zu Markt und Kunden: Marktanteile, Regionenverteilung, Kundenstruktur (A-, B- und C-Kunden), soziodemografische Merkmale der Kundschaft, Kundenbindung und weitere	Kriterien zu Innovation und Wissen: Art und Zahl von Patenten, Anteil neuer Produkte am Sortiment, Entwicklungszeiten, Technologie (im Vergleich), Vorschlagswesen, Indikatoren zu intellektuellem Kapital und weitere
Kultur	Kriterien zu Anspruchsgruppen: Beobachtbares Verhalten im Umgang mit Beschwerden, Anfragen oder Neuerungen (qualitativ, quantitativ), Image (auch als Arbeitgeber und Produzent, Rolle in der Branche), gestalterischer Auftritt nach außen, weitere	Personalbezogene Kriterien: z. B. Fluktuationsrate, Krankenstand, Ausbildung der Mitarbeitenden, Maßnahmen zur Weiterbildung, Beschwerden von Mitarbeitenden, Gehaltsentwicklung, Zufriedenheit der Mitarbeitenden, Einschätzung der Kultur durch Mitarbeitende, weitere
	Kriterien sozialer Verantwortung: (Corporate Social Responsibility), z. B. Einhalten von gesetzlichen Vorgaben oder Korruptionsindex	Leitungsbezogene Kriterien: Alter, Ausbildung und Werdegang der Führungskräfte, Art und Verbreitung von Führungssystemen, Erfolg und Dauer von strategischen Projekten, Ergebnisse von Feedbackinstrumenten
Strukturen	Kundenbezogene Kriterien: Liefertreue, Verfügbarkeit von Kundensystemen, Kennzahlen aus Verkauf und Logistik	Prozessbezogene Kriterien: Fehlerquote, Termintreue, Durchlauf- und Standzeiten, Kennzahlen zu Qualität und Produktivität, Merkmale zur Beschaffung
	Nachhaltigkeitskriterien: Emissionen, Ressourcenverbrauch, weitere	Kriterien zur Organisation: z. B. Zahl der Leitungsebenen, Flexibilität, Dezentralisierungsgrad, Kapazität und Größe bestimmter Einheiten
		Kriterien zu Instrumenten: Verbreitung und Nutzung von Werkzeugen und Hilfsmitteln, Beurteilung Herstellungsverfahren (im Vergleich)

Da es sich darum handelt, dynamische Aspekte zu beurteilen, stellt sich spätestens bei der Interpretation die Frage des Bezugspunkts: Woran wird Veränderung festgemacht? Diese Frage ist vor allem (aber nicht ausschließlich) für diejenigen Beurteilungskriterien zu beantworten, die sich nun tatsächlich in Kennzahlen ausdrücken lassen. Für die Wahl des Bezugspunkts bestehen folgende Möglichkeiten, die sinngemäß auch für qualitative Kriterien gelten:

- Die Veränderung einer Größe wird in **absoluten Werten** beurteilt.
- Die Veränderung einer Größe wird im **Vergleich zu früheren Werten** beurteilt.
- Die Veränderung einer Größe wird im **Vergleich zu Umfeldentwicklungen** beurteilt.

So kann zum Beispiel die Entwicklung des Umsatzes eines Unternehmens als Differenzbetrag zwischen zwei absoluten Werten auf der Zeitachse, als Prozentangabe im Vergleich zum Umsatz früherer Erfassungsperioden oder zur allgemeinen Marktentwicklung ausgedrückt werden. Je nachdem ergibt sich ein ganz unterschiedliches Bild, etwa wenn das Umsatzwachstum des Betriebs auf den ersten Blick ansehnlich wirkt, aber unter dem allgemeinen Marktwachstum geblieben ist. Die Wahl des geeigneten Bezugspunkts ist entscheidend für die Schlussfolgerungen und erfordert eine sorgfältige Abklärung.

12. Ausblick

12.1 Unternehmensentwicklung als Daueraufgabe

Unternehmensentwicklung ist kein einmaliges Vorhaben, das nach erfolgreichem Abschluss beiseitegelegt werden kann. Unternehmensentwicklung ist eine Daueraufgabe, soll das Unternehmen in Zukunft die Fähigkeit behalten, auf geänderte Anforderungen der Umwelt angemessen reagieren zu können. So gesehen ähnelt Unternehmensentwicklung der Vorstellung einer fortlaufenden Weiterentwicklung, wie sie das Total Quality Management und das EFQM-Modell verlangen. Allerdings betont Unternehmensentwicklung zusätzlich die bewusste Wahrnehmung von Chancen und Risiken, die sich im Umfeld des Unternehmens ergeben. Weil Unternehmensentwicklung kein abgeschlossener Prozess ist, verlangt sie die dauernde Aufmerksamkeit der Verantwortlichen im Unternehmen. Aus diesem Blickwinkel ist die bekannte Abfolge des Change Management von Auftauen – Verändern – Einfrieren („Unfreeze, Move, Freeze") nicht ganz zutreffend. Es ist nicht sinnvoll, die Organisation nach einer Veränderung „einzufrieren", sofern das überhaupt gelingen kann. Vielmehr ist der Rückfall in alte Muster zu verhindern und die Entwicklungsfähigkeit zu erhalten.

12.2 Die entwicklungsfähige Organisation

Aus diesem Grund muss ein Ziel der Unternehmensentwicklung darin bestehen, die Lern- und Entwicklungsfähigkeit des Unternehmens zu erhalten (vgl. Abschnitt 5.2). Dieses Ziel setzt die erfolgreiche Lösung von drei Aufgaben voraus:

1. Die **Strategie** eines Unternehmens ist darauf auszurichten, dass Produkte, Verfahren oder Geschäftsmodelle nicht ewig währen. Selbst erfolgreiche Strategien können durch Maßnahmen von Mitbewerbern oder durch äußere Einflüsse obsolet werden. Die Erneuerung von Produkten, Verfahren oder Geschäftsmodellen ist fortlaufend zu pflegen. Innovation, die zum richtigen Zeitpunkt erfolgt, ist die beste Voraussetzung für nachhaltigen Erfolg. Ohnehin verlieren Prozesse der materiellen Verarbeitung von Gütern gegenüber dem Tausch und der Erzeugung von marktfähigem Wissen an Bedeutung (Bleicher, 2009). Daher ist Innovation ein Bestandteil der Unternehmensentwicklung und als solche eine Daueraufgabe.

2. Um das Bewusstsein für Chancen wie Risiken zu schärfen und eine Offenheit für Neuerungen zu erreichen, ist eine bewusste Auseinandersetzung mit der geltenden **Kultur** in der Organisation erforderlich. Diese Auseinandersetzung beinhaltet zum Beispiel die Beobachtung des gelebten Strategieprozesses, weil sich in ihm die Art des Lernens im Unternehmen ausdrückt. Viele Unternehmen sind nicht an fehlenden Mitteln gescheitert, sondern an der Kultur einer vermeintlichen Überlegenheit, die dazu geführt hatte, dass Lernen als überflüssig abgetan wurde. Später mussten diese Unternehmen erfahren, dass sie Chancen verpasst oder Risiken unterschätzt hatten.

3. Die Pflege der Entwicklungsfähigkeit eines Unternehmens erfordert ebenfalls, die **Strukturen** auf den Wandel vorzubereiten. Wandel wird damit zur Daueraufgabe der Organisationsarbeit. Es geht nicht mehr um den Wandel in der Organisation, sondern um die Organisation des Wandels (Krüger, 2000). Bewegliche Strukturen, zum Beispiel durch Delegation von Verantwortung, durch die Schaffung von Geschäftseinheiten mit weitgehender Autonomie und durch den Ersatz von festen Kopplungen durch Netzwerke, erleichtern oder ermöglichen den Wandel. Flexibilität und Stabilität müssen allerdings keinen Gegensatz bilden. Auf die richtige Mischung kommt es an. Im Idealfall sind Wandel und Beharren nicht voneinander getrennt; vielmehr sollen alle Strukturen eines Unternehmens ein gewisses Maß an Beweglichkeit erlauben. Das Phänomen einer starren Aufbauorganisation, auf die Projekte und Maßnahmen des Wandels einwirken, wird abgelöst durch Wandelplattformen, die in der Aufbauorganisation enthalten sind (vgl. Darstellung unten).

> **Abbildung von Wandel in Organisationen (nach Krüger, 2000)**
>
> - Primäre Organisation: Alles, auch Wandel, wird in bestehenden Gefäßen abgewickelt.
> - Primäre Organisation mit additiver Sekundärorganisation für einzelne Wandel-Projekte.
> - Katalytische Sekundärorganisation: Programm-Management wirkt in die primäre Organisation hinein.
> - Integrierte Sekundärorganisation: Aufgaben des Wandels und des Tagesgeschäfts sind nicht mehr getrennt. Es gibt ständige Einrichtungen, die Wandel zum Dauerthema machen.

Die Forderung nach Lernbereitschaft und Flexibilität darf jedoch nicht dazu führen, Wandel mit Ruhelosigkeit und Hektik zu verwechseln. Organisationen, in denen ein Change-Programm das nächste ablöst, sind in der Leistung merklich beeinträchtigt. Die Programme und ihre Urheber verlieren zudem an Glaubwürdigkeit. Wandel verkommt zur Masche, die die Mitarbeitenden rasch durchschauen. Statt mit Lernen reagieren sie mit Vermeiden.

Auf Perioden der Veränderung sollten „Ruhephasen" folgen. Das ermöglicht die Verankerung des Erlernten und die wirtschaftlich notwendige Ausschöpfung von Erfahrungskurveneffekten. Wandel und Beharren können problemlos nebeneinander bestehen. Die Unternehmensleitung kann Strategien der Ruhe und der Veränderung gleichzeitig pflegen, indem sie beispielsweise einen Geschäftsbereich reformiert und in einem anderen die Ausschöpfung der Lernkurve ermöglicht oder sogar im selben Bereich das Gleichgewicht zwischen Erneuerung und Kontinuität pflegt. Das Bild von Standbein und Spielbein verdeutlicht dieses Nebeneinander. Das Standbein steht für das Bewährte, das Spielbein für das Neue. Hat das Unternehmen mit dem Spielbein wieder Tritt gefasst, kann es Standbein und Spielbein vertauschen. Beispiele für dieses Vorgehen sind etwa die horizontale und vertikale Diversifikation. Neue Märkte lassen sich mit bestehenden Produkten erschließen, oder neue Produkte werden in bekannten Märkten angeboten. Die Strategie, mit neuen Produkten in neuen Märkten aufzutreten, stellt sehr viel höhere Ansprüche an die Veränderungsbereitschaft und Veränderungsfähigkeit eines Unternehmens. Das richtige Maß von Veränderung ist daher entscheidend.

12.3 Leadership in der Unternehmensentwicklung

Trotz aller Einschränkungen in der Gestaltbarkeit von Unternehmensentwicklung braucht es die einzelnen Menschen. Ohne Impulse unternehmerisch denkender und handelnder Persönlichkeiten gibt es keine Entwicklung als zielgerichteten Prozess. Unternehmerisches Denken und Handeln äußert sich nicht nur in der effizienten Abwicklung des Tagesgeschäfts, sondern darüber hinaus in einem Weitblick für künftige Anforderungen und vor allem für künftige Chancen, die sich dem Unternehmen eröffnen. Diesen Weitblick im betrieblichen Alltag zu verfolgen und ihn gegenüber anderen Meinungen zu vertreten, verlangt besondere Qualitäten. Dazu gehören zum Beispiel Mut und Reflexionsvermögen (vgl. Wüthrich/Osmetz/Kaduk, 2009). Es sind diese Qualitäten, die nebst anderen den Unterschied von Management und Leadership ausmachen (vgl. Hinterhuber/Krauthammer, 1999). Das ist die Bedeutung von Leadership in der Unternehmensentwicklung.

Leadership und Führungsqualitäten müssen sich keineswegs auf die Unternehmensleitung beschränken. Das alte Ideal der Unternehmerperson an der Spitze eines Betriebs bedarf vielmehr der Ablösung durch die Vorstellung einer unternehmerischen Haltung, die grundsätzlich allen Betriebsangehörigen offensteht. Das wird für das flexible Unternehmen des 21. Jahrhunderts zu einer Schlüsselfrage werden, weil eine hohe Beweglichkeit auf allen Hierarchiestufen unternehmerische Fähigkeiten verlangt.

Literatur

AL-ANI, AYAD / GATTERMEYER, WOLFGANG, 2001, Entwicklung und Umsetzung von Change Management-Programmen, in: Gattermeyer, Wolfgang / Al-Ani, Ayad (Hrsg.), 2001, Change Management und Unternehmenserfolg: Grundlagen – Methoden – Praxisbeispiele, Wiesbaden: Gabler, 2. Aufl., S. 13–40

ALBACH, HORST / SCHAUENBERG, BERND (HRSG.), 2002, Unternehmensentwicklung im Wettbewerb, Wiesbaden: Gabler (Zeitschrift für Betriebswirtschaft, Ergänzungsheft 2/2002)

ANHEIER, HELMUT / TOEPLER, STEFAN, 2005, Definition und Phänomenologie der Non-Profit-Organisation, in: Hopt, Klaus J. / Hippel, Thomas v. / Walz, W. Rainer, 2005, Non-Profit-Organisationen in Recht, Wirtschaft und Gesellschaft, Tübingen: Mohr Siebeck, S. 17–33

ARGYRIS, CHRIS / SCHÖN, DONALD A., 2006, Die Lernende Organisation. Grundlagen, Methode, Praxis, Stuttgart: Klett-Cotta, 3. Aufl.

AVENARIUS, HORST, 2000, Public Relations, Darmstadt: Wiss. Buchgesellschaft, 2. Aufl.

BAKAN, JOEL, 2005, Das Ende der Konzerne. Die selbstzerstörerische Kraft der Unternehmen, Leipzig: Europa-Verlag

BECHER, BERTHOLD, 2002, Warum strategische Unternehmensentwicklung auch in Sozialunternehmen? Notwendigkeiten, Methoden und organisatorische Konsequenzen, in: Maelicke, Bernd (Hrsg.), 2002, Strategische Unternehmensentwicklung in der Sozialwirtschaft, Baden-Baden: Nomos (Edition Socialmanagement Bd. 17), S. 46–62

BECKER, JÖRG, 2000, Der Prozess im Fokus, in: Becker, Jörg / Kugeler, Martin / Rosemann, Michael (Hrsg.), 2000, Prozessmanagement, Berlin etc.: Springer, 2. Aufl., S. 1–13

BECKER, PETER, 2005, Prozessorientiertes Qualitätsmanagement nach der Ausgabe Dezember 2000 der Normenfamilie DIN EN ISO 9000 [..], Renningen: Expert-Verlag, 4. Aufl.

BLEICHER, KNUT, 2004, Das Konzept Integriertes Management. Visionen – Missionen – Programme, Campus: Frankfurt a.M. / New York, 7. Aufl.

BLEICHER, KNUT, 2009, Die Vision von der intelligenten Unternehmung als Organisationsform der Wissensgesellschaft, in: ZfO, Nr.2/2009, S. 72–79

BREHM, STEPHAN, 2001, Konzepte zur Unternehmensveränderung, Wiesbaden: Gabler / Deutscher Universitäts-Verlag, (Diss. Univ. Stuttgart)

BUCK, ALEX / HERRMANN, CHRISTOPH / LUBKOWITZ, DIRK, 1998, Handbuch Trendmanagement: Innovation und Ästhetik als Grundlage unternehmerischer Erfolge, Frankfurt a.M.: Frankfurter Allgemeine Zeitung

BURLA, STEPHAN, 1989, Rationales Management in Nonprofit-Organisationen, Bern etc.: Haupt

BURNS, PAUL, 2008, Corporate Entrepreneurship. Building the Entrepreneurial Organization, Basingstoke: Palgrave Macmillan, 2nd Ed.

BÜSSING, ANDRÉ, 2007, Organisationsdiagnose, in: Schuler, Heinz (Hrsg.), 2007, Lehrbuch Organisationspsychologie, Bern: Hans Huber, 4. Aufl., S. 557–599

BUTLER, DAVID, 2006, Enterprise Planning and Development, Amsterdam: Elsevier Butterworth-Heinemann

COASE, RONALD H., 1937/1991, The Nature of the Firm, in: Williamson, Oliver E. / Winter, Sidney G. (Eds.), 1991, The Nature of the Firm. Origins, Evolution, and Development, New York etc.: Oxford University Press, S. 19–33

DEARLOVE, DES, 2003, The Ultimate Book of Business Thinking, Oxford: Capstone

DEEG, JÜRGEN, 2005, Diskontinuierlicher Unternehmenswandel. Eine integrative Sichtweise, Frankfurt a.M. etc.: Peter Lang (Diss. Fernuniv. Hagen)

DOBIÉY, DIRK / KÖPLIN, THOMAS / MACH, WOLFRAM, 2004, Programm-Management. Projekte übergreifend koordinieren und in die Unternehmensstrategie einbinden, Weinheim: Wiley-VCH

DOPPLER, KLAUS / LAUTERBURG, CHRISTOPH, 2005, Change Management. Den Unternehmenswandel gestalten, Frankfurt a.M / New York: Campus, 11. Aufl.

EFQM (HRSG.), 2003a, Grundkonzepte der Excellence, Brussels: European Foundation for Quality Management, www.efqm.org

EFQM (HRSG.), 2003b, Excellence einführen, Brussels: European Foundation for Quality Management, www.efqm.org

EICKHOFF, MARTIN, 2001, Unternehmungsentwicklung durch ein Konzept wissensbasierter Strategieentwicklung, München: Hampp (Diss. Univ. Hannover)

ELLE, HANS-DIETER, 1991, Unternehmensentwicklung. Ansätze einer aufgeklärtkonstruktivistischen Sicht ökonomischer Theorie und Politik der Entwicklung von Unternehmen, Stuttgart: M und P, (Diss. Univ. Köln)

FELFE, JÖRG / LIEPMANN, DETLEV, 2008, Organisationsdiagnostik, Göttingen etc.: Hogrefe

FINK, ALEXANDER / SCHLAKE, OLIVER / SIEBE, ANDREAS, 2001, Erfolg durch Szenario-Management: Prinzip und Werkzeuge der strategischen Vorausschau, Frankfurt/Main: Campus

FOSTER, RICHARD / KAPLAN, SARAH, 2002, Schöpfen und Zerstören: Wie Unternehmen langfristig überleben, Frankfurt a.M.: Ueberreuter

FRANK, HERMANN, 2006, Corporate Entrepreneurship: Eine Einführung, in: Ders. (Hrsg.), 2006, Corporate Entrepreneurship, Wien: WUV Wien, S. 9–32

FRIEBE, HOLM / LOBO, SASCHA, 2006, Wir nennen es Arbeit. Die digitale Bohème oder: Intelligentes Leben jenseits der Festanstellung, München: Heyne, 4. Aufl. Gabler, 2004, Gabler Wirtschaftslexikon, Wiesbaden: Gabler, 16. Aufl.

GLASL, FRIEDRICH, 2004, Konfliktmanagement: Ein Handbuch für Führungskräfte, Beraterinnen und Berater, Bern: Haupt, 8. Aufl.

GLASL, FRIEDRICH / BRUGGER, ERICH (HRSG.), 1994, Der Erfolgskurs schlanker Unternehmen, Wien: Manz

GLASL, FRIEDRICH / LIEVEGOED, BERNARD, 2004, Dynamische Unternehmensentwicklung. Grundlagen für ein nachhaltiges Change Management, Bern etc.: Haupt, 3. Aufl.

GLAZINSKI, BERND, 2004, Strategische Unternehmensentwicklung. Krisensignale frühzeitig erkennen und abwenden, Wiesbaden: Gabler

GREINER, LARRY E., 1972, Evolution and Revolution as Organizations grow, in: Harvard Business Review, 50, 1972, July–August, S. 37–46

HABERFELLNER, REINHARD / NAGEL, PETER / BECKER, MARIO / BÜCHEL, ALFRED / VON MASSOW, HEINRICH, 2002, Systems Engineering. Methodik und Praxis, Zürich: Verlag Industrielle Organisation, 11. Aufl.

HAGEMANN, GISELA, 2003, Methodenhandbuch Unternehmensentwicklung. Ist-Situation analysieren, Strategie entwickeln, Marke positionieren, Wiesbaden: Gabler

HAMEL, GARY, 2008, Das Ende des Managements. Unternehmensführung im 21. Jahrhundert, Berlin: Ullstein/Econ

HAMMER, MICHAEL / CHAMPY, JAMES, 1995, Business Reengineering, Frankfurt a.M. / New York: Campus, 5. Aufl.

HASENZAGL, RUPERT, 2006, Corporate Entrepreneurship und Veränderungsmethoden, in: Frank, Hermann (Hrsg.), 2006, Coporate Entrepreneurship, Wien: WUV Wien, S. 289–319

HELFEN, MARKUS, 2005, Die Bedeutung innovationsförderlicher Organisation für den Innovationszyklus – Weisen schnell wachsende Unternehmen Besonderheiten auf?, in: Ganz, Walter / Meiren, Thomas / Woywode, Michael (Hrsg.), 2005, Schnelles Unternehmenswachstum. Personal – Innovation – Kunden, Stuttgart: Kohlhammer, S. 143–177

HILB, MARTIN (HRSG.), 2008, Neue Management-Konzepte im Praxistest, Zürich: Versus

HINTERHUBER, HANS H., 2004, Strategische Unternehmensführung, Berlin: Walter de Gruyter, 2 Bde., 7. Aufl.

HINTERHUBER, HANS / KRAUTHAMMER, ERIC, 1999, Leadership – mehr als Management, Wiesbaden: Gabler, 2. Aufl.

HRON, JEANETTE / FREY, DIETER / LÄSSIG, ANNETTE, 2005, Gestaltung von Veränderungsprozessen, in: Frey, Dieter / Rosenstiel, Lutz von / Hoyos, Carl Graf, 2005, Wirtschaftspsychologie, Weinheim/Basel: Beltz, S. 120–125

HUTZSCHENREUTER, THOMAS, 2004, Unternehmensentwicklung. Stand der Forschung und Entwicklungstendenzen, Vallender: Wissenschaftliche Hochschule für Unternehmensführung (WHU), WHU-Forschungspapier 100

HUTZSCHENREUTER, THOMAS / WULF, TORSTEN, 2001, Ansatzpunkte einer situativen Theorie der Unternehmensentwicklung, Leipzig: Handelshochschule Leipzig, HHL-Arbeitspapier Nr. 43

KALTENBACH, HORST G., 1988, Unternehmensentwicklung kreativ umsetzen, Würzburg: Vogel Verlag

KAMISKE, GERD F. / UMBREIT, GUNNAR (HRSG.), 2008, Qualitätsmanagement, München: Fachbuchverlag Leipzig / Carl Hanser

KAPLAN, ROBERT S. / NORTON, DAVID P., 1996, The Balanced Scorecard: translating strategy into action, Boston: Harvard Business School Press

KAUNE, AXEL, 2004, Moderne Organisationsentwicklung – ein Konzept zur mitarbeiterorientierten Gestaltung von Veränderungsprozessen, in: Ders. (Hrsg.), 2004, Change Management mit Organisationsentwicklung. Veränderungen erfolgreich durchsetzen, Berlin: Erich Schmidt, S. 11–58

KIRCHLER, ERICH (HRSG.), 2008, Arbeits- und Organisationspsychologie, Wien: facultas WUV, 2. Aufl.

Königswieser, Roswita et al. (Hrsg.), 2006, Komplementärberatung. Das Zusammenspiel von Fach- und Prozess-Know-how, Stuttgart: Klett-Cotta

Krieger, David J., 1996, Einführung in die Systemtheorie, München: Fink

Krizanits, Joana, 2005, Paradigmen und Unternehmensentwicklung, in: Boos, Frank / Heitger, Barbara (Hrsg.), 2005, Wertschöpfung im Unternehmen, Wiesbaden: Gabler, S. 39–42

Krüger, Wilfried, 1994, Transformations-Management. Grundlagen, Strategien, Anforderungen, in: Gomez, Peter / Hahn, Dietger / Müller-Stewens, Günter / Wunderer, Rolf (Hrsg.), 1994, Unternehmerischer Wandel. Konzepte zur organisatorischen Erneuerung, Wiesbaden: Gabler, S. 199–228

Krüger, Wilfried, 2000, Organisationsmanagement: Vom Wandel der Organisation zur Organisation des Wandels, in: Frese, Erich (Hrsg.), 2000, Organisationsmanagement. Neuorientierung der Organisationsarbeit, Stuttgart: Schäffer-Poeschel, S. 271–304

Krüger, Wilfried et al., 2009, Excellence in Change. Wege zur strategischen Erneuerung, Wiesbaden: Gabler, 4. Aufl.

Lehmann, Lars, 2005, Schwerpunktprogramme. Instrument zur Steuerung der Unternehmensentwicklung, Herrsching: Kirsch (Diss. Univ. München)

Lombriser, Roman / Abplanalp, Peter, 2005, Strategisches Management. Visionen entwickeln, Strategien umsetzen, Erfolgspotentiale aufbauen, Zürich: Versus, 5. Aufl.

Lunau, York / Wettstein, Florian, 2004, Die soziale Verantwortung der Wirtschaft. Was Bürger von Unternehmen erwarten, Bern etc.: Haupt

Maelicke, Bernd (Hrsg.), 2002, Strategische Unternehmensentwicklung in der Sozialwirtschaft, Baden-Baden: Nomos, Edition Socialmanagement Bd. 17

Marquardt, Gernot, 2003, Kernkompetenzen als Basis der strategischen und organisationalen Unternehmensentwicklung, Wiesbaden: Deutscher Universitäts-Verlag

Mintzberg, Henry, 1991, Mintzberg über Management. Führung und Organisation. Mythos und Realität, Wiesbaden: Gabler

Mintzberg, Henry / Ahlstrand, Bruce / Lampel, Joseph, 2007, Strategy Safari: eine Reise durch die Wildnis des strategischen Managements, München: Redline Wirtschaft

Mugler, Josef, 1998, Die Entwicklung von Klein- und Mittelbetrieben. Wichtige Theoriebeiträge im Überblick, in: Kailer, Norbert / Mugler, Josef, (Hrsg.), 1998, Entwicklung von kleinen und mittleren Unternehmen. Konzepte, Praxiserfahrungen, Entwicklungsperspektiven, Wien: Linde, S. 15–66

Müller-Hagedorn, Lothar / Schuckel, Marcus, 2003, Einführung in das Marketing, Stuttgart: Schäffer-Poeschel, 3. Aufl.

Müller-Stewens, Günter / Lechner, Christoph, 2005, Strategisches Management, Stuttgart: Schäffer-Poeschel, 3. Aufl.

Nerdinger, Friedemann W. / Blickle, Gerhard / Schaper, Niclas, 2008, Arbeits- und Organisationspsychologie, Heidelberg etc.: Springer

Neyrinck, Jacques, 2006, 5 règles d'or pour développer votre entreprise, Paris: Edition d'Organisation

Otto, Klaus-Stephan et al., 2007, Evolutionsmanagement, München: Hanser

PAUL, HERBERT, 1985, Unternehmensentwicklung als betriebswirtschaftliches Problem. Ein Beitrag zur Systematisierung von Erklärungsversuchen der Unternehmensentwicklung, Frankfurt a.M. etc.: Peter Lang (Diss. Univ. St. Gallen)

PAUL, JOACHIM, 2007, Einführung in die Allgemeine Betriebswirtschaftslehre, Wiesbaden: Gabler

PETERS, TOM J. / WATERMAN, ROBERT H., 2006 [1982], Auf der Suche nach Spitzenleistungen, Heidelberg: Redline Wirtschaft (aus dem Englischen von 1982)

PERICH, ROBERT, 1992, Unternehmungsdynamik: Zur Entwicklungsfähigkeit von Organisationen aus zeitlich-dynamischer Sicht, Bern etc.: Haupt

PFLÄGING, NIELS, 2008, Führen mit flexiblen Zielen. Beyond Budgeting in der Praxis, Frankfurt a.M.: Campus

PORTER, MICHAEL E., 1998, The Adam Smith Address: Location, Clusters, and the the "New" Microeconomics of Competition in: Business Economics, Jan. 98, Vol. 33 Issue 1, p 7–13

PORTER, MICHAEL E., 2008, On Competition, Boston: Harvard Business Review

PÜMPIN, CUNO / PRANGE, JÜRGEN, 1991, Management der Unternehmensentwicklung: Phasengerechte Führung und der Umgang mit Krisen, Frankfurt a.M. / New York: Campus

PÜMPIN, CUNO / WUNDERLIN, CHRISTIAN, 2005, Unternehmensentwicklung. Corporate Life Cycles. Metamorphosen statt Kollaps, Bern etc.: Haupt

RAISCH, SEBASTIAN / PROBST, GILBERT / GOMEZ, PETER (ET AL.), 2007, Wege zum Wachstum. Wie Sie nachhaltigen Unternehmenserfolg erzielen, Wiesbaden: Gabler

REINEKE, ROLF-DIETER / BOCK, FRIEDRICH (HRSG.), 2007, Gabler Lexikon der Unternehmensberatung, Wiesbaden: Gabler

REISS, MICHAEL, 1997a, Change Management als Herausforderung, in: Reiss, Michael / Rosenstiel, Lutz von / Lanz, Anette (Hrsg.), 1997, Change Management. Programme, Projekte und Prozesse, Stuttgart: Schäffer-Poeschel, S. 5–29

REISS, MICHAEL, 1997b, Aktuelle Konzepte des Wandels, in: Reiss, Michael / Rosenstiel, Lutz von / Lanz, Anette (Hrsg.), 1997, Change Management. Programme, Projekte und Prozesse, Stuttgart: Schäffer-Poeschel, S. 31–90

RIEKHOF, HANS CHRISTIAN, 2002, Strategische Unternehmensentwicklung in der Sozialwirtschaft: Konzentration auf Kernaufgaben und/oder strategische Allianzen?, in: Maelicke, Bernd (Hrsg.), 2002, Strategische Unternehmensentwicklung in der Sozialwirtschaft, Baden-Baden: Nomos (Edition Socialmanagement Bd. 17), S. 27–38

RÖHRLE, JOSEF, 1990, Unternehmensführung und Unternehmensentwicklung, Frankfurt a.M. etc.: Lang (Diss. Univ. Stuttgart, Schriften zur Unternehmensplanung 19)

ROSENSTIEL, LUTZ VON, 2007, Grundlagen der Organisationspsychologie, Stuttgart: Schaeffer-Poeschel, 6. Aufl.

RÜEGG-STÜRM, JOHANNES, 2003, Das neue St. Galler Management-Modell: Grundkategorien einer integrierten Managementlehre: der HSG-Ansatz, Bern etc.: Haupt, 2. Aufl.

SAMUELSON, PAUL A. / NORDHAUS, WILLIAM, D., 2007, Volkswirtschaftslehre, Landsberg a.L.: mi-Fachverlag, 3. Aufl.

SATTELBERGER, THOMAS, 1996, Die Lernende Organisation im Spannungsfeld von Strategie, Struktur und Kultur, in: Ders. (Hrsg.), 1996, Die Lernende Organisation. Konzepte für eine neue Qualität der Unternehmensentwicklung, Wiesbaden: Gabler, 3. Aufl., S. 11–55

SCHALTEGGER, STEFAN ET. AL., 2002, Nachhaltigkeitsmanagement im Unternehmen. Konzepte und Instrumente zur nachhaltigen Unternehmensentwicklung, Bonn: Bundesministerium für Umwelt, Naturschutz und Reaktorsicherheit
SCHAUER, REINBERT, 2002, Neuere Entwicklungen auf dem Gebiet des Nonprofit-Management, in: Budäus, Dietrich / Schauer, Reinbert / Reichard, Christoph (Hrsg.), 2002, Public und Nonprofit Management. Neuere Entwicklungen und aktuelle Problemfelder, Linz: Trauner, S. 43–49
SCHEDLER, KUNO / PROELLER, ISABELLA, 2000, New Public Management, Bern etc.: Haupt/UTB
SCHEIN, EDGAR H., 1995, Unternehmenskultur, Frankfurt a.M./New York: Campus
SCHILLING, MELISSA A., 2008, Strategic Management of Technological Innovation, Boston etc: McGraw-Hill, 2. Ed
SCHLICK, GERHARD H., 1998, Unternehmensentwicklung: Gestaltungspotentiale, Veränderungschancen, Praxisbeispiele, Stuttgart: Schäffer-Poeschel
SCHMIDT, GÖTZ, 1997, Methode und Techniken der Organisation, Gießen: Verlag Dr. Götz Schmidt, 11. Aufl.
SCHNEIDER, VOLKER / JANNING, FRANK, 2006, Politikfeldanalyse. Akteure, Diskurse und Netzwerke in der öffentlichen Politik, Wiesbaden: VS Verlag für Sozialwissenschaften
SCHULER, HEINZ (HRSG.), 2007, Lehrbuch Organisationspsychologie, Bern: Hans Huber, 4. Aufl.
SCHUMPETER, JOSEPH, 1934, Theorie der wirtschaftlichen Entwicklung. Berlin: Duncker & Humblot, 4. Auflage (Nachdruck 1997)
SCHWANINGER, MARKUS, 1988, Anwendung der integralen Unternehmensentwicklung. Beurteilung von Konzept und Methodik anhand einer Pilotstudie, Bern/Stuttgart: Haupt
SGAOP, 2004, Unternehmen im Aufschwung – von der Depression zur Euphorie, Zürich: Schweizerische Gesellschaft für Arbeits- und Organisationspsychologie
SIEGWART, HANS / MAHARI, JULIAN (Hrsg.), 1999, Corporate Development, Köln/Zürich: Bachem / Verlag Industrielle Organisation
SIMON, FRITZ B., 2007, Einführung in Systemtheorie und Konstruktivismus, Heidelberg: Carl-Auer-Verlag, 2. Aufl.
SIMON, WALTER, 2002, Moderne Managementkonzepte von A–Z. Strategiemodelle, Führungskonzepte, Managementtools, Offenbach: Gabal
STETTER, THOMAS, 1994, Unternehmensentwicklung und strategische Unternehmensführung: zur paradigmatischen Bedeutung des Entwicklungsbegriffes für eine Theorie der strategischen Unternehmensführung, Herrsching: Kirsch
STOCKMANN, REINHARD (HRSG.), 2006, Evaluationsforschung: Grundlagen und ausgewählte Forschungsfelder, Münster: Waxmann, 3. Aufl.
SYDOW, JÖRG (Hrsg.), 2003, Management von Netzwerkorganisationen, Wiesbaden: Gabler, 3. Aufl.
TREBESCH, KARSTEN, 1994, Unternehmensentwicklung. Ein Konzept für die Praxis, in: Organisationsentwicklung, Nr. 2/94, S. 4–28
ULRICH, HANS, 1991, Systemorientiertes Management, Bern etc.: Haupt (hrsg. von der Stiftung zur Förderung der systemorientierten Managementlehre)

ULRICH, PETER, 2008, Integrative Wirtschaftsethik. Grundlagen einer lebensdienlichen Ökonomie, Bern/Stuttgart/Wien: Haupt, 4. Aufl.

VAHS, DIETMAR / SCHÄFER-KUNZ, JAN, 2007, Einführung in die Betriebswirtschaftslehre, Stuttgart: Schäffer-Poeschel, 5. Aufl.

VARIAN, HAL R. ET AL., 2004, The Economics of Information Technology, Cambridge: Cambridge University Press

VÖLKER, RAINER, 2008, Management-Konzepte beurteilen und richtig anwenden, München: Hanser

WEBER, MAX, 1972, Wirtschaft und Gesellschaft. Grundriss der verstehenden Soziologie, Tübingen: J.C.B. Mohr, 5. Auflage

WEISSENBERGER-EIBL, MARION A., 2003, Unternehmensentwicklung und Nachhaltigkeit. Rosenheim: Cactus Group

WILDENMANN, HORST, 2002, Unternehmensentwicklung. Methoden für eine nachhaltig profitable Unternehmensführung, in: Ders. (Hrsg.), 2002, Unternehmensentwicklung. Methoden für eine nachhaltig profitable Unternehmensführung, München: TCW Transfer-Centrum GmbH, S. 19–74

WINDHOFF-HÉRITIER, ADRIENNE, 1987, Policy-Analyse, Frankfurt a.M. / New York: Campus

WOYWODE, MICHAEL, 1998, Determinanten der Überlebenswahrscheinlichkeit von Unternehmen, Baden-Baden: Nomos, Schriftenreihe des ZEW Bd. 25

WOYWODE, MICHAEL, 2005a, Mitarbeiter-, Innovations- und Kundenorientierung. Eine Einführung in die Voraussetzungen schnellen Unternehmenswachstums, in: Ganz, Walter / Meiren, Thomas / Woywode, Michael (Hrsg.), 2005, Schnelles Unternehmenswachstum. Personal – Innovation – Kunden, Stuttgart: Kohlhammer, S. 11–18

WOYWODE, MICHAEL, 2005b, Wie kann man den Dreiklang Mitarbeiter-, Innovations- und Kundenorientierung messen und gestalten? Erkenntnisse aus dem Management-Ansatz des Intellektuellen Kapitals, in: Ganz, Walter / Meiren, Thomas / Woywode, Michael (Hrsg.), 2005, Schnelles Unternehmenswachstum. Personal – Innovation – Kunden, Stuttgart: Kohlhammer, S. 205–222

WÜTHRICH, HANS A. / OSMETZ, DIRK / KADUK, STEFAN 2009, Musterbrecher: Führung neu leben, Wiesbaden: Gabler, 3. Aufl.

ZDROWOMYSLAW, NORBERT (Hrsg.), 2005, Von der Gründung zur Pleite. Unternehmens-Lebenszyklus und Management der Unternehmensentwicklung, Gernsbach: Deutscher Betriebswirte-Verlag

Stichwortverzeichnis

A

Anreizinstrument 111, 112
Anspruchsgruppe 31, 33, 58, 65, 66, 78, 82, 122, 124
Aufbauorganisation 69, 126
Autonomie 24, 63

B

Balanced Scorecard 109, 120, 121
Berater 103
Beyond Budgeting 114, 116
Bürokratie-Modell 20, 22, 23
Business Process Reengineering (BPR) 72, 75
Businessplan 108, 109

C

Change Agent 102
Change Management 14, 75, 84, 92, 93, 97, 125
Corporate Governance 82
Customer Relationship Management (CRM) 115, 116

D

Determinismus 34, 35, 36, 46
Dezentralisation 48, 114, 116
Diversifikation 46, 74, 127
Diversity Management 113

E

E-Business 115
EFQM 72, 77, 78
Energie, organisationale 107
Enterprise Resource Planning (ERP) 115, 116
Entrepreneurship 15, 110
Entwicklungskonzept 19, 71, 72
Entwicklungskonzepte 78
Entwicklungsmodell 19, 34, 35, 36, 37, 52, 53
Entwicklungsstrategie 73, 74, 75
Erfahrungskurve 55, 68, 92, 114
Evolutionsmodell 36, 47, 51, 53

F

Fachberatung 88, 89
Frühaufklärung 56, 57, 59
Führungsinstrument 114, 116
Führungskraft 103, 111, 112
Führungssystem 46, 111, 112, 124

G

Gestaltbarkeit 16, 34, 36, 49, 50, 52, 53, 71
Gewinn 64, 66, 123, 124

I

Inkrementalismus 96
Innovation 37, 38, 40, 66, 73, 74, 124, 126
Innovationsmanagement 59, 75, 108, 123

In-Sourcing 81, 115
ISO 21, 26, 27, 33, 69, 77
Issue Management 59

K

Kennzahl 119, 120, 123, 124
Kernkompetenz 109, 115
Kommunikation 25, 72, 84, 94, 97, 111, 112, 113
Konfigurationsschule 47
Krise 40, 60, 86, 95
Kultur 29, 31, 61, 68, 69, 110, 112, 122, 124, 126

L

Laufbahnprogramm 112
Leadership 19, 94, 127
Lean Management 72, 76
Leitbild 109, 111, 112
Lernfähigkeit 24, 66, 122
Lernkurve 127
Liquidität 67, 122, 124
Lock-in-Phänomen 92

M

Management, evolutionäres 95
Management, strategisches 15
Management, symbolisches 111, 112
Managementinformationssystem (MIS) 107
Mass Customization 81
Mikroökonomie 20, 21, 22, 33, 37

N

Netzwerk 71, 81, 114, 115, 116, 126

O

Organisation, flexible 80
Organisation, lernende 72, 78

Organisationsdiagnose 62, 63, 97, 103, 121
Organisationsentwicklung 14, 71
Out-Sourcing 81, 114

P

Phasenmodell 35, 36, 39, 42, 45, 46, 52, 90, 98
Policy-Cycle 42
Produktionsfaktor 21
Programm-Management 98, 100, 103
Projektmanagement 95, 99
Prozess 56, 62, 63, 64
Prozessberatung 88, 89
Prozessmanagement 113

Q

Qualitätsmanagement 26, 31, 109

R

Regelkreis 46, 78, 106, 118
Rendite 65, 82
Rentabilität 124
Reorganisation 114, 116
Restrukturierung 46, 89, 114, 116

S

7S-Modell 21, 27, 28, 33
Sozialverträglichkeit 66, 83
St. Galler Management-Modell 21, 26, 31, 32, 33
Stabilität 68, 114
Strategie 31, 68, 74, 75, 107, 109, 117, 126
Strategieentwicklung 6, 75, 105, 110
Strategieumsetzung 108, 110
Struktur 23, 31, 61, 68, 113, 116, 126
Systemtheorie 24, 47
Szenariomanagement 108, 109

T

Teamentwicklung 94, 111, 112
Total Quality Management 72, 77
Training 94, 111, 112
Transaktionskosten 38, 39, 65
Trend 59, 60
Trendmonitoring 59
Turnaround 101

U

Umsatz 64, 65, 122, 124, 125
Unternehmensmodell 19, 20, 25, 26

V

Vergütungssystem 112

Virtualisierung 81, 115
Vision 87, 93, 96, 103
Voluntarismus 34, 35, 53

W

Wachstum 66, 67, 74, 75
Wachstumskrise 60, 66
Wandel, disruptiver 54, 86
Wandel, fundamentaler 85, 86, 90, 98
Wandel, inkrementaler 85, 86, 90

Z

Ziel 15, 64, 66

SUCHEN IST WOANDERS.

Wählen Sie aus dem umfassenden und aktuellen Fachprogramm und sparen Sie dabei wertvolle Zeit.

Sie suchen eine Lösung für ein fachliches Problem? Warum im Labyrinth der 1000 Möglichkeiten herumirren? Profitieren Sie von der geballten Kompetenz des führenden Wirtschaftsverlages und sparen Sie Zeit! Leseproben und Autoreninformationen erleichtern Ihnen die richtige Entscheidung. Bestellen Sie direkt und ohne Umwege bei uns. Willkommen bei **gabler.de**

www.gabler.de   Kompetenz in Sachen Wirtschaft

Printed in Germany
by Amazon Distribution
GmbH, Leipzig